ANKE RÖBER

Projekterfolg - Von Bananenstrategie und Kaffeepausen

ANKE RÖBER

PROJEKTERFOLG –

VON BANANENSTRATEGIE UND KAFFEEPAUSEN

Die Welt des Projektmanagements mit einer ordentlichen Prise Mentalstrategie aufgemischt

GOLD VERLAG

Bibliografische Information der Deutschen Nationalbibliothek

Die Deutsche Nationalbibliothek verzeichnet diese Publikation in der Deutschen Nationalbibliografie; detaillierte bibliografische Daten sind im Internet über dnb.dnb.de abrufbar.

Wir freuen uns auf eure Anregungen und Fragen
info@goldverlag.com

Wichtiger Hinweis
Die im Buch veröffentlichten Empfehlungen wurden von Verfasser und Verlag erarbeitet und geprüft. Der Inhalt dieses Buches beruht ausschließlich auf den persönlichen Erfahrungen des Autors und erhebt keinen wissenschaftlichen Anspruch. Die benutzten Begrifflichkeiten sind wertfrei. Eine Garantie kann dennoch nicht übernommen werden. Ebenso ist die Haftung des Verfassers bzw. des Verlages und seiner Beauftragten für Personen-, Sach- und Vermögensschäden ausgeschlossen.

Originalausgabe
1. Auflage 2025

Auch wenn eine gendergerechte Sprache wünschenswert ist, gibt es aus Sicht des Verlages bisher keine befriedigende, gut lesbare Lösung. Der leichten Lesbarkeit zuliebe haben wir des Öfteren von der genderneutralen Form Abstand genommen. Selbstverständlich liegt es uns fern, dadurch einen Teil der Bevölkerung zu diskriminieren. Es sind stets Personen jeden Geschlechts gemeint.

Redaktion: Eva Steffens, München
Satz: inpunkt[w]o, Wilnsdorf
Korrektorat: Eva Steffens, München
Druck:
Printed in Germany

ISBN Print: 978-3-9827403-1-7

Viele großartige Projekte sind nicht wegen
einer genialen Idee so erfolgreich geworden,
sondern wegen des Mutes, die Idee umzusetzen.

Hermann Scherer

INHALT

Vorwort

In der heutigen schnelllebigen und oft komplexen Welt des Projektmanagements stehen Fachleute vor Herausforderungen, die weit über die bloße Einhaltung von Zeitplänen und Budgets hinausgehen. Die Fähigkeit, Projekte erfolgreich zu steuern, erfordert nicht nur technisches Wissen, sondern auch eine tiefere menschliche Verbindung und mentale Stärke. In diesem Zusammenhang lade ich ein, einen Blick in Anke Röbers Buch »Projekterfolg – Von Bananenstrategie und Kaffeepausen« zu werfen, das wertvolle Einblicke und Strategien für erfolgreiches Projektmanagement bietet.

In meinen bisherigen Rollen in der Industrie hatte ich das Privileg, an einigen komplexen Großprojekten beteiligt zu sein. Dabei begegnete ich zahlreichen Fachleuten, die mir in Erinnerung geblieben sind. Besonders beeindruckt hat mich Anke Röber, die ich während der Errichtung eines neuen Werkes – unserem größten Einzelinvest in Deutschland – kennenlernen durfte. In unterschiedlichsten Projektsituationen erlebte ich Anke als eine zuverlässige, klare und außergewöhnlich präsente Projektpersönlichkeit. Ihre Fähigkeit, in herausfordernden Momenten zu kommunizieren und Lösungen zu finden, ist bemerkenswert.

Was Anke Röber außerdem auszeichnet, ist ihre Fähigkeit, fachliche Tiefe mit echter Menschlichkeit zu verbinden. Sie bleibt auch in stressigen Situationen zugewandt, offen und pragmatisch. Ihre Lösungen sind nicht aus der Theorie geboren, sondern gewachsen in echten Projekten mit echten Menschen. Anke behält in jeder noch so schwierigen Projektsituation stets den Blick für die Meta-Ebene offen. Ihr gelingt es, komplexe Zusammenhänge auf den Punkt zu bringen, Struktur zu geben und dabei immer lösungsorientiert zu bleiben. Ihr

Mut, neue Wege zu gehen, inspiriert nicht nur ihr Team, sondern alle, die das Vergnügen haben, mit ihr zu arbeiten.

Das Anliegen von Anke Röber mit diesem Buch ist es, einen Weg für komplexe Projekte aufzuzeigen und daran zu erinnern, dass es immer ein Stück besser geht: durch mentale Klarheit, Zielstärke und echte Verbindung innerhalb des Teams. Dieses Buch ist kein klassischer Projektmanagementratgeber. Es verbindet die Welt der Zahlen, Termine und Strukturen mit der oft unterschätzten Kraft mentaler Stärke. Anke zeigt auf, wie wichtig es ist, die menschliche Komponente in den Vordergrund zu stellen und die Dynamik innerhalb eines Teams zu fördern.

Dieses Buch ist für Menschen, die in Projekten Verantwortung tragen – und dabei nicht sich selbst verlieren wollen. Anke gibt praktische Impulse, regt zur Selbstreflexion an und eröffnet einen neuen Blick auf Führung und Zusammenarbeit. Sie ermutigt uns, die Herausforderungen des Projektmanagements nicht nur als technische Aufgaben zu betrachten, sondern als Gelegenheiten zur persönlichen und kollektiven Weiterentwicklung.

Ich wünsche dem Leser und der Leserin viele Aha-Momente, neue Sichtweisen und vor allem Mut – Mut, das Projekt, das Team und sich selbst mit neuer Klarheit zu führen. Wer dieses Buch liest, wird nicht nur Projekte erfolgreicher gestalten, sondern auch sich selbst ein Stück besser verstehen.

Das Buch inspiriert dazu, Ankes Erfahrungen und Einsichten zu entdecken und zu lernen, in der Welt des Projektmanagements im Flow zu bleiben,

Horst Schmidt
Leitung Tech Center PV für Siemens Healthineers (MedTech Branche)
Verantwortlich für fünf Standorte weltweit

Einleitung

Du hast schon einige Projekte hinter dir. Du kennst das Auf und Ab, die euphorischen Starts, die zähen Zwischenphasen, die späten Abende vor dem Meilenstein. Und du weißt: Projekte stehen und fallen nicht mit der Technik – sondern mit den Menschen. Mit dir. Und mit deinem Team.

Natürlich willst du das Projekt zum Erfolg führen – Termine einhalten, Erwartungen erfüllen, Ergebnisse liefern. Doch wenn du ehrlich bist, willst du mehr als das. Du willst dabei gesund bleiben. Klar denken. Wirksam sein. Und: ein Team führen, das mitzieht, mitdenkt und mitwächst.

Du willst ein Projekt im Flow erleben – und es vor allem erfolgreich abschließen.

Doch genau das scheint oft unerreichbar. Denn Druck, Komplexität und Dauerfeuer im Posteingang bringen nicht nur dich aus dem Takt, sondern das ganze Team. Die Stimmung kippt, Energie verpufft, Kommunikation wird mühsam. Du merkst: Methoden reichen nicht aus. Du brauchst einen neuen Ansatz. Einen, der bei dir selbst beginnt – und dein ganzes Team mitnimmt.

Dieses Buch gibt dir genau das: einen Weg, wie du mentale Klarheit, emotionale Intelligenz und neurobiologisch fundierte Strategien ins Projekt bringst. Kein weiterer Methodenkoffer. Sondern eine neue Denkweise – die deine innere Haltung stärkt, deine Selbstführung vertieft und die Zusammenarbeit in deinem Team auf ein neues Level hebt.

Denn: Projektführung ist vor allem Energieführung.

Wie du denkst, wie du mit Stress umgehst, wie du präsent bist – das überträgt sich. Du bist Resonanzfläche und Verstärker. Wenn du den

Fokus hältst, entsteht Klarheit. Wenn du mutig reflektierst, entsteht Vertrauen. Und wenn du bewusst Energie gibst, kann sie sich im Team entfalten.

In diesem Buch erfährst du:

- wie du mentale Strategien im Projektalltag einsetzt, um dich selbst und andere zu stabilisieren,
- wie du Einzelflow und Gruppenflow erkennst, förderst und nutzt,
- wie du mit Dopamin, Fokus und inneren Bildern Motivation erzeugst – nachhaltig und gehirngerecht,
- wie du die typischen Denkfehler und Stressmuster erkennst – und dich davon befreist,
- und warum gerade Kaffeepausen, Zwischenrufe und Bananenstrategien entscheidend für den Projekterfolg sind.

Du wirst lernen, wie du dein Projekt nicht nur steuerst – sondern innerlich gestaltest. Wie du mit mentaler Klarheit Räume schaffst, in denen Menschen über sich hinauswachsen. Wie du von der Einzelleistung zur gemeinsamen Welle kommst.

Dieses Buch ist für dich, wenn du:

- Verantwortung trägst – im Projekt, im Team, im Kopf,
- etwas verändern willst, das über das nächste Gantt-Diagramm hinausgeht,
- und wenn du weißt: Es geht nicht um mehr Tempo. Es geht um mehr Tiefe.

Du wirst erleben: Wenn du mentale Energie bewusst steuerst, entsteht Flow – bei dir, im Team und im gesamten Projekt. Und genau dann geschieht das, was viele für Glück halten: ein Projekt, das mit Leichtigkeit gelingt.

Mit Mentalstrategie Projekte professionell umzusetzen, maximiert Energie und Freude.

Auch wenn die Einleitung nun so ganz locker daherkommt, ist dieses Buch eine Einladung an Projektleiter, ihre Aufgaben so professionell und gewissenhaft auszuführen, wie es in allen Fachbüchern für Projektmanagement steht. Dieses Buch soll dich zusätzlich anregen, die Möglichkeiten der Mentalstrategie täglich in dein Projekt zu integrieren. Damit steigerst du sowohl die Freude als auch das Energielevel signifikant.

Der tägliche Sand im Team-Getriebe kann zwar hingenommen werden, und wir können uns denken, dass wir die Aufgabe schon irgendwie meistern und alles bald vorbei sein wird Doch dürfen wir bei all dem nicht vergessen, dass wir Vorbild sind. Vorbild für die tägliche Eigenmotivation, Vorbild für Zielstrebigkeit und -erreichung, Vorbild für Kommunikation, für Miteinander, für den Umgang mit den Kunden, den Subunternehmern und der Geschäftsführung ... Und letztendlich ist es unsere Lebenszeit, die wir gut gelaunt und in positiver Energie verbringen – oder eben auch nicht.

Beobachte dich und sage dir selbst – am besten immer zu einer bestimmten Zeit – während deines Arbeitstags: »Das ist mein Leben! Das ist meine Lebenszeit!« Und dann werde still. Warte, bis dein Geist dir eine aufrichtige Antwort schickt. Ist es das Leben, das du leben willst? Ist es das, wovon du freudig in zwei oder drei Jahren erzählen wirst? Oder ist es eher die Phase im Leben, die vorbeigehen soll und du auf Änderung hoffst? Vielleicht auf einen Zufall von außen, der die momentane Situation zum Positiven ändert.

Ich möchte dir bewusst machen, dass nur du dein Leben in Bahnen bringen kannst, die die gewünschte Änderung herbeiführen und die ein glückliches, erfülltes Leben für dich bereithalten. Das Buch gibt dir die entsprechenden Methoden an die Hand. Vielleicht passen nicht alle Methoden zu deiner Vorgehensweise, doch du findest hier ein wunderbares Set an Methoden vor, die sowohl für Beginner als auch für alte Hasen der Mentalstrategie einfach umzusetzen sind.

Fühle dich eingeladen, Neues auszuprobieren, Konflikte im Team grundlegend zu lösen, den ständigen Zerfall des Teams in ein freudiges Miteinander zu verwandeln, die Ziele im Projekt mit Leichtigkeit zu erreichen und am Ende als die innovativste Projektleitung gesehen zu werden.

Der Erfolg wird nicht ausbleiben. Denn Erfolg ist eine Folgeerscheinung! Nicht von harter Arbeit, sondern von freudigem Miteinander.

Laut Duden ist »Erfolg« definiert als ein positives Ergebnis einer Bemühung. Doch aus meiner persönlichen Sicht ist diese Definition nicht mehr haltbar, geschweige denn nachhaltig. Wir leben in unsicheren und herausfordernden Zeiten, in denen eine Krise die andere jagt. Daher lade ich jeden, der im Projekt hart arbeitet, ein, seinen Alltag so umzustrukturieren, dass wir am Ende freudig nach Hause gehen und auch am Abend noch Energie für die Familie haben. Erst dann wird unsere Arbeit eine Erfolgsgeschichte und wir werden uns gerne an den Zeitpunkt zurückerinnern, an dem wir angefangen haben, Mentalstrategien in unser Leben zu integrieren. Der Zeitpunkt, an dem wir angefangen haben, die Freude und ein aufrichtiges, energievolles Miteinander in unser Leben zu bringen.

Hört sich zu fantastisch an für dich?

Probiere es aus und lass dich beflügeln!

PS: Mal ist die Projektleiterin dran, mal der Projektleiter – ich wechsle bewusst die Perspektive. Denn dieses Buch ist für alle geschrieben, die Projekte mit Herz, Verstand und Haltung zum Erfolg führen wollen – ganz unabhängig vom Geschlecht. Fühl dich gemeint!

1. Von Projektchaos und Kaffeepausen

Fünf Anzeichen für Chaos im Projekt

Es ist fünf Uhr früh im Dezember. Draußen tobt ein Schneesturm und es liegen bereits sieben Zentimeter Schnee. Angesagt sind für heute fünfzehn Zentimeter Schnee und es liegen einhundertachtzig Kilometer vor mir. Ich will mich pünktlich zum Interview bei einem neuen Projekt vorstellen, doch schon die Strecke bis zur Autobahn dauert viel länger als gedacht. Auf der Autobahn fahre ich dann viele Kilometer hinter dem Winterdienst her. Überholen ist nicht drin, also versuche ich, ruhig zu bleiben und meine Anspannung mit tiefem Atmen zu regulieren. Auf meinem Navi schmilzt meine Reservezeit dahin. Zehn Kilometer vor dem Ziel informiert es mich, dass ich einige Minuten verspätet eintreffen werde. Nun gut.

Mein suchender Blick fällt auf die Baucontainer, in denen das Interview stattfinden soll. Da muss es sein! Doch es sind so viele dieser Container, dass ich keine Idee habe, welcher der richtige ist. Und einen Parkplatz sehe ich auch nicht. Die Situation stresst mich und ich atme bewusst wieder tief ein und aus. Dann stoppe ich das Auto direkt am Halteverbotsschild, greife zum Telefon und rufe die Projektleiterin an. Nach ihren Anweisungen finde ich einen Parkplatz, schnappe mir noch schnell meine gelbe Baustellenjacke und hetze zum Termin.

Die Projektleiterin freut sich, dass ich da bin, und bemerkt meine Verspätung. Ich entschuldige mich und denke nur: »Sieht sie denn das Schneechaos da draußen nicht?« Doch sie lässt mir keine Zeit, darüber nachzudenken, sondern springt gleich ins Thema.

Sie beginnt, das Projekt in Zahlen, Daten und Fakten zu erklären. Mir wird schwindelig, nach vier Stunden Autofahrt bei schwierigen Wetterverhältnissen ist mir das alles zu viel. Ich bin unkonzentriert und kann keine Information aufnehmen.

Schließlich nehme ich meinen Mut zusammen und unterbreche sie. Ich brauche bitte eine Pause, etwas zu trinken und auch eine Toilette. Sie weist mir den Weg und wir holen anschließend gemeinsam ein Glas Wasser. Zurück in der Besprechung erläutert sie weiter Zahlen, Daten und Fakten.

Ich merke, dass meine Konzentration immer noch nicht voll da ist. Also einfach mitschreiben, versuchen mitzudenken, zuhören und bestmöglich verstehen, was gesagt wird. Was bleibt mir anderes übrig! Die Projektleiterin textet mich weiter zu. Um ihren Monolog zu durchbrechen, streue ich Fragen ein. Allerdings bemerke ich, dass sie meine Fragen gar nicht beantwortet, sondern weiter in ihrer Welt ist und mich mit Fakten überschüttet.

Ich halte inne. Kann es sein, dass ich ein Chaosprojekt vor mir habe?

Auf einmal fällt es mir wie Schuppen von den Augen! Ein Flashback durchströmt mein Gehirn und mir fällt meine Diplomarbeit aus den 1990er-Jahren ein. Angewandte Physik. Chaosforschung. Bis zu diesem Zeitpunkt war mir nicht klar, welche Anwendung meine Diplomarbeit je im echten Leben finden könnte.

Ich denke zurück an mein Physikstudium. Meine Forschungsaufgabe war es, in turbulenten, chaotischen Verhältnissen mögliche harmonische Strömungen zu finden. Warum fällt mir das jetzt ein? Was will mir mein Unterbewusstsein sagen? Etwa, dass es immer einen Weg aus dem Chaos gibt? Ich muss nur die »harmonische Strömung« im Projekt finden? Was könnte das hier im konkreten Fall sein? Da fällt mir gerade nichts Passendes ein. Die Projektleiterin bemerkt nicht, dass ich gerade in meine eigenen

Gedanken vertieft bin. Ich schlage eine Kaffeepause vor. Gute Idee!, findet sie.

Das rettende Getränk in der Hand, denke ich über Strömungsphysik, Verwirbelungen und chaotische Bewegungen nach. Ich rühre meinen Kaffee, produziere Verwirbelungen und Chaos in der Kaffeetasse und denke weiter: Eine Umdrehung mit dem Löffel erzeugt nichts. Zweimal rühren erzeugt eine kurze gleichmäßige Strömung. Rühre ich weiter, entsteht ein richtiger Strudel. Rühre ich entgegen der Strömung, entstehen Verwirbelungen und Turbulenzen und der Kaffee springt aus der Tasse. Oh! Ich bemerke die verwunderten Blicke der Projektleiterin und höre auf, Chaos in meiner Tasse zu produzieren.

Wusstest du, dass Chaos und Chaos nicht das Gleiche ist? In der Mathematik und Physik ist die Chaosforschung ein faszinierendes Teilgebiet, das sich mit dynamischen Systemen und deren Berechnung und Vorhersage beschäftigt. Diese Systeme reagieren sensibel auf Anfangsbedingungen. Dagegen versteht man umgangssprachlich unter Chaos ein heilloses Durcheinander. In diesem Buch wollen wir uns mit Ersterem beschäftigen, denn wir können sagen, wir sind zu jedem Zeitpunkt am Anfang. Wir sind am Anfang von dem, was wir erkannt haben. Haben wir die Anzeichen von Chaos im Projekt erkannt, dann können wir sie ändern.

Ich gehe jedoch davon aus, dass in deinem Projekt kein heilloses Durcheinander herrscht. Denn jeder Projektleiter wird versuchen, nach bestem Wissen und Gewissen Projektmanagement umzusetzen. Eine gewisse Ordnung ist also bestimmt da.

In meiner Diplomarbeit in der Physik beschäftigte ich mich damals mit zähen Flüssigkeiten, die ich in einem Zylinder anfangs linear strömen ließ, dann die Umdrehung des inneren Zylinders (quasi wie der Löffel in der Kaffeetasse) erhöhte, um sie turbulent werden zu lassen, um im Weiteren die innere Geschwindigkeit noch mehr zu erhöhen. Plötzlich, eben dadurch, dass die Geschwindigkeit erhöht wurde, entstanden aus den Turbulenzen kleinere geordnete Wirbel. Welche Überraschung! Aus Unordnung kann wieder ein geordnetes System entstehen. Wie das? Dies zu ergründen war meine Diplomaufgabe in der angewandten Chaosphysik. Wie können wir nun diese Erkenntnisse auf das Projektmanagement anwenden?

Das waren die Fragen und Themen, die ich im Kopf hatte, als die Projektleiterin neben mir stand und ich in meiner Kaffeetasse rührte. Mal erzeugte ich Turbulenzen, mal geordnetes Chaos.

Ein anderes Beispiel aus der Chaosforschung ist der Schmetterlingseffekt – du hast bestimmt schon davon gehört. Stelle dir vor, es ist ein kalter Apriltag und ein hübscher Schmetterling in deinem Garten niest auf einmal. Dann kann es sein, dass ein Reissack in Asien umfällt oder das Wetter turbulent wird. Auch das ist ein Beispiel, das wir ins Projektmanagement übertragen können. Denn vielleicht wird ein wichtiges Teammitglied krank und auf einmal arbeitet das Team ganz anders zusammen.

Von daher lohnt sich der Transfer aus der Chaosforschung (der Physik oder des Reissacks) ins Projektmanagement. Wo ist die verborgene Ordnung, die geheime Choreografie, die wir erkennen, anstoßen, leicht verändern und dann nutzen können?

Das umgangssprachliche Chaos bezieht sich eher auf das morgendliche Suchen der Socken (ich gebe zu, mir passiert das hin und wieder), währenddessen mein Tee viel zu lange zieht und auch noch meine Mutter anruft und meint, kurz mein Ohr zu brauchen. Ich schaffe es nicht, so schnell ans Telefon zu gehen, verschütte dabei den Tee – Hallo Universum! Gib mir Zeit zum Atmen! –, doch die Socke taucht nicht auf, trotz des Telefons am Ohr. Das ist das tägliche Chaos, was uns schmunzeln und nicht verzweifeln lassen sollte.

EINE KLEINE ÄNDERUNG DER ANFANGSBEDINGUNG KANN UNS ZURÜCK IN DIE ORDNUNG BRINGEN.

Nun zurück zur Chaosforschung, dem Brückenschlag zum Projektmanagement und zu dem, was wir aus der Chaosforschung übertragen können.

Verwirrung im Zeitgefüge

Die Zeit ist eine physikalische Größe, die in der Projektwelt als linear angenommen wird. Zumindest, wenn wir die Uhr ablesen, nehmen wir die Zeit linear wahr. Ohne unser Zutun schreitet sie unablässig fort. Während du hier diese Zeilen liest, zieht die eine oder andere Minute an dir vorüber. Die Zeit weist eine eindeutige und nicht umkehrbare Richtung auf. Bei den Kosten und der Qualität ist das anders. Die Kosten können explodieren, sie können mit einem Ereignis exorbitant wachsen oder bleiben, wie sie sind, oder, wenn alles seinen Gang geht, konstant wachsen. Haben wir in der Leistungserbringung helle Köpfe, so kann sich zum Beispiel die Qualität eines Produkts mit einem Schlag erhöhen oder, im anderen Falle, ebenso rasant sinken.

Die drei Komponenten Kosten, Qualität und Zeit sind im magischen Dreieck des Projektmanagements verbunden.

Mentalstrategien und das magische Dreieck des Projektmanagements

Im Projektmanagement gibt es eine zentrale Wahrheit, die jedes Projektteam irgendwann zu spüren bekommt und die den Rahmen eines jeden Vorhabens bestimmt: das magische Dreieck aus Zeit, Kosten und Qualität. Warum magisch? Weil es scheinbar unmöglich ist, an einer der drei Stellschrauben zu drehen, ohne die anderen dabei zu beeinflussen. Wer schneller sein will, muss oft mehr investieren oder Abstriche bei der

Qualität machen. Wer die Kosten senken will, braucht mehr Zeit oder muss sich mit einem niedrigeren Qualitätsniveau zufriedengeben. Und wer Perfektion anstrebt, zahlt meist mit mehr Geld und längeren Projektlaufzeiten.

Diese Dynamik stellt jedes Team vor Herausforderungen – und genau hier setzen Mentalstrategien an. Denn während methodische Planung und Werkzeuge helfen, das magische Dreieck zu managen, entscheidet die mentale Haltung darüber, wie flexibel, resilient und fokussiert das Team in Stresssituationen bleibt.

Stelle dir vor, eine Deadline rückt unaufhaltsam näher. Die Anforderungen wachsen, das Budget ist fix und die Nerven liegen blank. In diesem Moment macht es den Unterschied, ob dein Team in den typischen Stressmodus verfällt – mit Hektik, Schuldzuweisungen und Aktionismus – oder ob ihr eine mentale Strategie habt, um kühlen Kopf zu bewahren.

Eine effektive Technik ist die mentale Flexibilität: Anstatt in starren Kategorien zu denken (»Wir haben zu wenig Zeit, es geht nicht!«), wird gezielt nach Lösungen gesucht (»Welche Aufgaben haben die größte Hebelwirkung?«). Auch Fokus-Strategien, wie klare Priorisierung und bewusstes Arbeiten in Flow-Zuständen, helfen, effizient mit Zeit und Ressourcen umzugehen.

Ein weiteres wirksames Tool ist die Reframing-Technik. Wenn das Budget knapp ist, könnte der erste Gedanke sein: »Das ist eine Katastrophe!« Doch mit der richtigen Mentalstrategie wird daraus: »Welche kreativen Lösungen können wir finden, um mit weniger mehr zu erreichen?« Diese Haltung öffnet den Blick für innovative Ansätze und reduziert den negativen Stress, der die Leistungsfähigkeit hemmt.

Auch Teamdynamik spielt eine zentrale Rolle. Ein Projektteam, das es schafft, eine positive Stimmung und gegenseitige Unterstützung zu bewahren, arbeitet nachweislich produktiver. Methoden wie regelmäßige Reflektionsrunden, Dankbarkeitsrituale oder gezielte Energizer helfen, den Stress zu reduzieren und die Motivation hochzuhalten.

Das magische Dreieck wird oft als ein unüberwindbares Spannungsfeld gesehen – doch mit den richtigen Mentalstrategien wird es zum Spielraum für kluge Entscheidungen. Denn wer mental stark ist, bleibt handlungsfähig, trifft bessere Entscheidungen und führt sein Projektteam souverän durch Herausforderungen.

Die Zeit ist ein unerbittlicher Faktor und ein Projekt definiert sich darüber, dass es einen vorgegebenen Start und ein ebensolches Ende hat. Wann hat dein Projekt angefangen und wann muss es fertig sein? Bitte prüfe, ob du diese beiden Angaben genau benennen kannst. Wenn nicht, halte inne und lies erneut die Projektausschreibung, den Auftrag und das Projekthandbuch. Und falls es dann immer noch nicht klar ist, frage direkt bei der Projektleitung nach.

Es ist entscheidend, dass alle Beteiligten ein gemeinsames Verständnis des Projektverlaufs und der Prioritäten haben. Liegt das nicht vor, nenne ich diese Situation gerne »Verwirrung im Zeitgefüge«. Ein Gefüge ist der Aufbau und die Ordnung eines Systems. Dieses Gefüge besteht üblicherweise aus deutlich sichtbaren und weniger wahrnehmbaren Bestandteilen. Im Projektmanagement sind die sichtbaren Bestandteile die Termine. Die Einteilung in Prioritäten ist meiner Erfahrung nach meist weniger spürbar. Manchmal jedoch ist es auch genau umgekehrt.

Als Projektleiter ist es unsere Aufgabe, eine Verwirrung im Zeitgefüge gar nicht erst entstehen zu lassen. Denn sie ist eine der größten Ursachen für Verzüge, Konflikte und Nachträge. Welche anfängliche Bedingung können wir beeinflussen, um stets in der Ordnung zu bleiben?

Kennst du die eine gute Möglichkeit, auf einfache Weise das Projekt so zu lenken, dass es gut läuft? Damit vermeidest du, dass das Projekt am Ende Unmengen an Geld verschlingt oder das dringend benötigte Ergebnis unzureichend ist. Oder – noch schlimmer – es nie fertig wird.

Dabei geht es nicht nur darum, die Fristen einzuhalten, sondern die Zeit effizient zu nutzen und mit deiner Mentalstrategie zu lenken.

Jeder im Projekt hat Wünsche, will gesehen werden und möchte eine erfüllte Projektaufgabe. Oftmals katapultieren uns die Erfordernisse der Projektdurchsprachen, die Kundenwünsche und die Management-Attention in eine Sackgasse, aus der es scheinbar keinen Ausweg gibt. Der Zwischenmeilenstein oder das Projektende rutscht stets weiter nach hinten. Stellen wir dann fest, dass ...

- ein Tag im Projekt immer zu kurz ist,
- wir kaum noch Zeit für eine gute Kaffeepause finden,
- wir immer wieder mit denselben Themen (vielleicht auch Menschen) kämpfen,
- unser Traum nach Anerkennung immer ferner wirkt,
- uns der (vielleicht inzwischen lästige) Projektalltag fest im Griff hat ...

... dann sind das eindeutige Indizien dafür, dass wir immer mehr im Chaos versinken und die anfängliche Euphorie im Projekt dahin ist.

Die gute Nachricht ist, dass wir mit dem Problem nicht allein sind (Wenn es dir als Projektleitung so geht, wie geht es dann erst dem Projektteam?). Mit kleinen und bewussten Veränderungen der Anfangsbedingung können wir das Projekt schnell wieder in einen motivierenden Gang bringen.

Wie wäre es, folgende Veränderungen in der Projektbesprechung zu initiieren?

1. Frage stets nach dem erwarteten Ende der Aufgabe.
2. Besprich immer den kritischen Pfad des Projekts.
3. Sprich aus, was wirklich dringend ist – und was nur laut.

Ein klares Verständnis von Zeit und Prioritäten verhindert Chaos im Projekt.

Mentalstrategie

Die Mentalstrategie ist ein Satz an mentalen Techniken und Methoden, um das eigene Denken, Fühlen und Handeln in verschiedenen Situationen zu lenken. Ziel ist es, diese so zu lenken, dass wir selbst uns stets verbessern und in der Situation stark agieren bzw. reagieren. Mentalstrategie kennt man am häufigsten aus dem Sport, insbesondere dem Leistungssport. Dort wird die Strategie eingesetzt, um Höchstleistung abzurufen Ziele zu erreichen und das Team, falls es ein Teamsport ist, in Harmonie oder in Gleichklang zu bringen.

Die Mentalstrategie besteht aus ganz unterschiedlichen Methoden, wie zum Beispiel Visualisierung, Beobachten der eigenen Gedanken, Achtsamkeit, Meditation, Entspannungstechniken und Gehirntraining. Mit diesen unterschiedlichen Strategien helfen wir uns, unser geistiges Wohlbefinden zu steigern und damit auch einem heftigen Sturm standzuhalten. Wir können damit unsere Leistung optimieren und Herausforderungen besser bewältigen. Daher kann man sie in allen Bereichen des Lebens einsetzen. Aus meiner Sicht ist die Mentalstrategie, oder das Anwenden der Techniken und Methoden, der Schlüssel für die persönliche Weiterentwicklung. Durch das Üben dieser mentalen Techniken und Methoden schaffen wir es, auch in schwierigen Situationen einen kühlen Kopf zu bewahren, richtig zu reagieren und vielleicht trotz lautstarker Diskussionen die eigentliche Essenz herauszuhören.

Dabei bedeutet Mentaltechnik nicht, einfach positiv zu denken und immer das Positive zu sehen; das wäre zu banal oder zu flach. Es geht darum, für sich geeignete Methoden zu finden und diese zu üben, um Gegenwind standzuhalten und flexibel auf Veränderungen zu reagieren. Turbulenzen können wir trotzen, indem wir selbst klare Grenzen setzen, Nein zur Überlastung sagen und ins Handeln kommen – ins proaktive Handeln. Mit Mentalstrategie schaffen wir es, innere Ruhe zu finden, uns zu stärken und bewusst das zu tun, was unser Wohlbefinden jetzt steigert.

Wir können sagen: Mentale Stärke ist wie ein Superhelden-Anzug. Er hilft dir, die Welt zu erobern, während du gleichzeitig gegen die alltäglichen Schurken wie Stress, Zweifel und schlechte Laune kämpfst. Also schnallen wir uns eine mentale Kappe auf, ziehen die Widerstandshose an und zeigen der Welt unsere mentale Stärke.

Mentalstrategie hilft dir auch, um nach Erschöpfung schnell wieder mental stark zu sein oder Erschöpfung gar nicht erst aufkommen zu lassen.

Kuddelmuddel im Team

»Ich fühle mich einsam, obwohl mein Projektteam aus 25 Leuten besteht. Es fehlt der wohlwollende Blick, die morgendliche Begrüßung, die zeigt, dass ich willkommen bin. Niemand scheint sich wirklich für mich zu interessieren, mir zuzuhören oder Freude mit mir zu teilen.

Besonders in den Online-Meetings spüre ich diese Distanz. Ich werde durch Zufall in der Ansicht neben Kollegen angezeigt, neben die ich mich nicht setzen würde. Die Kommunikation ist oft schwierig und trotz des großen Teams fühle ich mich allein mit meiner Aufgabe.

Rational weiß ich, dass ich nicht allein bin – aber emotional fühle ich mich isoliert und fremd in diesem Team. Konflikte werden offen ausgetragen und ich frage mich: ›Gehöre ich hier wirklich hin?‹«

Das ist ein Eintrag aus meinem Tagebuch. So ging es mir in einem Projekt, bei dem ich bereits ein Jahr mitgearbeitet hatte. Es fasst sehr gut zusammen, wie ich mich damals und gelegentlich auch heute noch fühle. Manchmal fühle ich mich fremd im Projekt und die vielen Menschen, die um mich herum sind, erreichen mich emotional nicht. Oder andersherum: Ich erreiche sie nicht!

Kennst du solche Situationen auch? Hast du dich auch schon mal fremd in Projekten gefühlt, obwohl du gar nicht neu im Team bist?

Online-Meetings sind oft ein guter Indikator für echtes Miteinander oder eben für Kuddelmuddel im Team. Dabei ist das Online-Meeting nur das Symptom, die Ursache liegt woanders und hat ihren Ursprung viel früher. Die Ursache beginnt schon in dem Moment, in dem ich ins Büro komme (wenn ich schon mal da bin) und nicht wirklich begrüßt werde oder mir freundliche Blicke fehlen. Dies gilt allerdings genauso andersherum: Wenn ich bereits im Büro bin, es aber nicht für nötig halte, die eintreffenden Kollegen mit einem Lächeln zu begrüßen und zu sagen: »Schön, dass du da bist!«

Das Kuddelmuddel im Team zeigt sich auch, wenn wir genau wissen, welche zwei Kollegen nicht miteinander können, und wir das Gefühl haben, dass der Projektleiter nichts dagegen unternimmt. Als Projektleiter weiß ich genau, welche beiden Kollegen sich nicht miteinander verstehen, und es ist meine Aufgabe, solche Konflikte anzusprechen. Manchmal ist das einfacher, als wir denken. Denn warum geraten Menschen in Konflikte? Meist, weil sie sich gegenseitig nicht vertrauen, weil sie unklare oder widersprüchliche Erwartungen sowie unterschiedliche Werte haben oder die hierarchische Struktur nicht klar ist und daher, ein Ringen um Einfluss und Sichtbarkeit zu Problemen führt. Warum ist das so? Wie kommt es so weit? Weil ich als Projektleiterin meine Hausaufgaben nicht gemacht habe! Es fehlt die Möglichkeit

- sich näher kennenzulernen und damit ins Vertrauen zu gehen,
- sich über die Erwartungen auszutauschen, um eine gemeinsame Richtung zu haben,
- die gemeinsamen Werte zu finden und zu besprechen und
- die Rollen klar festzulegen.

Natürlich arbeiten wir im Projekt mit erwachsenen Menschen und sie sollten wissen, wie man kommuniziert und sich besser kennenlernen kann. Doch wissen sie es wirklich? Da bin ich mir nicht so sicher. Daher mein Aufruf: Wir brauchen Hilfe und Unterstützung, um ein Team zusammenwachsen zu lassen. Ja, wir als Projektleiter müssen helfen! Es ist unsere Aufgabe!

Schaffen es Kollegen nicht, zusammenzufinden, zeigt sich das spätestens bei der Weihnachtsfeier: Es hagelt Absagen, Kolleginnen finden Ausreden oder verlassen die Veranstaltung direkt nach dem Essen wieder. Doch wenn das Team wirklich zusammengewachsen ist, wird auch die Weihnachtsfeier ein großer Spaß – und zwar für alle.

Symptome in Online-Meetings für ein nicht funktionierendes Team sind unpünktliches oder gar richtig verspätetes Erscheinen, Bildausschnitte, die nur die Glatze oder den Oberkörper zeigen, aber nicht das Gesicht der Person, oder Kameras, die gleich ganz ausgeschaltet bleiben. Es macht einen riesigen Unterschied, wenn wir beim Sprechen direkt in die Kamera schauen anstatt auf das eigene Bild oder auf den anderen Bildschirm. Eine direkte Verbindung entsteht, wenn ich den anderen Personen in die Augen schaue. Dieser Eindruck entsteht, wenn wir beim Sprechen direkt in das Guckloch der Kamera schauen. Als Projektleiter sollten wir auch da mit gutem Beispiel vorangehen. Noch besser ist es, diese Knigge-Regel direkt anzusprechen und das Team zu ermutigen, es auszuprobieren.

Auch das Mittagessen ist ein gutes Barometer für den Teamzusammenhalt. Wenn wir beim Mittagessen nur über das Projekt reden und dabei womöglich noch Aufgaben verteilt werden, ist das kein gutes Zeichen. Sprechen wir hingegen über Dinge wie den Ingwer-Shot, den wir morgens getrunken haben, oder über die Tomaten, die dieses Jahr so wunderbar im Garten gedeihen, oder über das neue Fahrrad und die Touren, die wir damit umsetzen wollen – dann haben wir vermutlich ein gut funktionierendes Team.

Als Projektleitung schaffe ich Vertrauen und Zugehörigkeit, indem ich Kennenlernen ermögliche.

Vernachlässigung im Projektteam aufbrechen

Haben wir den Eindruck, nicht gesehen oder freundlich begrüßt zu werden, fallen auch wir selbst oft in ähnliche Verhaltensmuster. Wir vernachlässigen das Grüßen und das Miteinander kühlt schnell ab. Als Folge sinkt unser Selbstwertgefühl und wir fühlen uns nicht mehr als Teil des Teams. Diese Situation zu durchbrechen, ist die Aufgabe der Projektleiterin. Dafür braucht es nicht viel: Wie wäre es, jeden Morgen alle persönlich zu begrüßen, egal ob sie früh im Büro sind oder später kommen? Ein einfaches »Schön, dass du da bist!« wirkt oft Wunder.

Es ist wichtig, dranzubleiben – nicht nur drei Tage, sondern kontinuierlich. Die Atmosphäre wird sich bald ändern, und du wirst sehen, wie es zur Routine wird, dass sich alle begrüßen.

Ich hatte einmal einen Geschäftsführer, der jeden Morgen durch die Büros ging und alle Mitarbeiter persönlich begrüßte. Und das in einer gar nicht so kleinen Firma. Er kannte alle beim Namen. Das ist Wertschätzung. Die Mitarbeiter wussten, dass er um 8:15 Uhr da ist und seine Runde dreht. Das war die perfekte Gelegenheit, kurz mit ihm zu sprechen. Dabei ging es nicht darum, sofort ein langes Gespräch zu führen, sondern zu fragen: »Hast du heute Nachmittag Zeit für einen Kaffee?« Schon dieser kurze Austausch hat Türen geöffnet. Diese Praxis funktioniert aber nicht nur mit Geschäftsführern – sie funktioniert auch im Kollegenkreis. Gehe morgens zu deinen Kollegen und sage: »Guten Morgen, schön dich zu sehen!« Diese kleinen Gespräche schaffen Verbindung und helfen, sich nicht einsam zu fühlen.

Sich-fremd-Fühlen auflösen

Sich fremd zu fühlen in einem großen Team kann sehr belastend sein, und es ist wichtig, Wege zu finden, dies zu ändern. Alles beginnt mit dem ersten Gedanken im Kopf. Der erste Gedanke ist in diesem Kontext, dass ich spüre, wie ich mich zurückziehe. Es ist also entscheidend, meine Situation wahrzunehmen. Um aus dieser Situation herauszukommen, sollte ich einen bewussten Gedanken fassen. Dieser Gedanke könnte lauten: »Ich will zum Team gehören.«

Die Motivation dahinter muss jeder für sich selbst finden. Mögliche Motivatoren könnten sein:

- Ich will Teil des Teams sein.
- Ich möchte meinen Beitrag leisten.
- Ich habe Interesse am Erfolg des Projekts.
- Ich will Spaß und Wertschätzung bei der Arbeit erfahren.

Sobald der Gedanke gefasst ist – »Ich will zum Team gehören« –, sollte ich ihn in Worte fassen. Dabei muss ich es nicht laut im Team aussprechen, doch ich kann es in mein Notizbuch schreiben, es meinem Partner oder meiner Partnerin erzählen oder auch einer nahestehenden Kollegin anvertrauen. Sind die Worte geschrieben oder ausgesprochen, ändert sich etwas in meinem System. Durch diese Worte bewege ich mein Unterbewusstsein in die gewünschte Richtung.

Der nächste Schritt ist, sich aktiv um eine Verbindung zu den Kollegen zu bemühen. Ich ergreife die Initiative, starte Gespräche und frage bewusst nach einer gemeinsamen Pause. Eine kleine Aufmerksamkeit im Chat kann ebenfalls viel bewirken. Oder ich spreche Gemeinsamkeiten an, wie Hobbys, Erlebnisse und Kinder, oder bringe eigene Themen ein. Das schafft Verbindung.

Durch Interesse an den Aufgaben meiner Kollegen kann ich die Kommunikation fördern und persönliche Beziehungen aufbauen. Ein aktiver Beitrag wäre zum Beispiel, in Besprechungen die Kamera einzuschalten und direkt in die Kamera zu schauen. In Online-Meetings kann ich so den Augenkontakt mit meinen Kollegen suchen und auf diese Weise Nähe trotz der Distanz schaffen.

Bin ich jemand, der direkte Kommunikation bevorzugt, kann ich meine Bedürfnisse auch klar äußern: Zum Beispiel könnte ich sagen, dass mir die morgendliche Begrüßung fehlt. Ich könnte fragen, ob es den Kollegen auffällt, dass die morgendliche Begrüßung rar ist.

Selbstverständlich ist es dabei unerlässlich, an sich selbst zu arbeiten. Manchmal lohnt es sich, die eigene Situation zu reflektieren und zu hinterfragen: Stimmt es wirklich, dass ich nicht dazugehöre? Hat mir tatsächlich jemand gesagt: »Du gehörst nicht dazu«? In den meisten Fällen wird das nicht der Fall sein.

Wir erschaffen uns unsere Realität durch unsere Wahrnehmung und die Geschichten, die wir uns selbst erzählen. Was wir glauben, wird zu unserer Wahrheit – ganz gleich, ob es objektiv zutrifft oder nicht. Deshalb lohnt es sich besonders, den eigenen inneren Dialog bewusst zu gestalten und zu prüfen: Dient mir diese Sichtweise? Gibt es auch eine freundlichere Interpretation meiner Situation?

Selbstreflexion bedeutet auch, sich selbst Anerkennung zu geben. Das kann ich tun, indem ich mir ein- bis zweimal pro Woche in mein Notizbuch schreibe, was ich erreicht habe – welche Aufgaben ich erledigt und welche kleinen Erfolge ich erzielt habe. So erkenne ich meine eigenen Fortschritte an und mache mir diese immer wieder bewusst. Allmählich wird sich meine Situation ändern und die gefühlte Fremdheit kann sich auflösen. Ich werde mich stärker als Teil des Teams fühlen.

Jammern, Meckern und Motzen eliminieren

Immer wieder erinnere ich mich gerne an das Märchen »Rumpelstilzchen« der Gebrüder Grimm. Darin trifft ein armer Müllersmann auf einen König und behauptet – aus Verzweiflung über seine Armut –, dass seine Tochter Stroh zu Gold spinnen könne. Der König, fasziniert von der Idee, eine so reiche Frau zu heiraten, befiehlt der Müllerstochter, drei Tage in einem Kämmerchen zu verbringen und ihm zu beweisen, dass sie tatsächlich Stroh in Gold verwandeln könne. In ihrer Verzweiflung und Angst beginnt das Mädchen zu weinen, denn sie weiß, dass sie diese Aufgabe nicht erfüllen kann.

Wir kennen die Geschichte: Rumpelstilzchen taucht auf und bietet seine Hilfe an – allerdings zu einem hohen Preis. Es fordert das erste Kind der zukünftigen Königin. Doch die junge Frau geht darauf ein. So spinnt Rumpelstilzchen das Stroh zu Gold und der König heiratet die Müllerstochter. Am Ende singt Rumpelstilzchen triumphierend: »Heute back ich, morgen braue ich, und übermorgen hol ich der Königin ihr Kind. Ach, wie gut, dass niemand weiß, dass ich Rumpelstilzchen heiß!«

In diesem Märchen wird aus Stroh Gold gemacht – eine Fantasie, die in der Realität unmöglich ist. Doch was wäre, wenn wir diesen Gedanken übertragen könnten? Was, wenn wir den »Sand im Getriebe« unseres Teams oder unsere Arbeit in »Goldstaub« verwandeln könnten? Der Sand im Getriebe steht symbolisch für das, was uns bremst, was die Arbeit erschwert und uns die Motivation nimmt. In Projekten oder Teams kann dieser Sand uns den Spaß und die Energie rauben.

Es lohnt sich also, darüber nachzudenken, wie man diesen Sand in Goldstaub umwandeln könnte. Vielleicht hilft uns das Märchen dabei, denn am Ende des Tages wollen wir alle in dem, was uns wichtig ist, erfolgreich sein. Dabei ist es entscheidend, zwischen extrinsischer (fremdbestimmter) und intrinsischer (selbstbestimmter) Motivation zu unterscheiden. Extrinsische Motivation entsteht, wenn uns von außen etwas vorgegeben wird. Um ein Beispiel zu nennen: Der Vater bestimmt, was der Sohn studieren soll. Intrinsische Motivation hingegen kommt von innen – sie entsteht aus dem eigenen Wunsch, etwas erreichen zu wollen. Wenn im Team »Sand im Getriebe« ist, schwindet die Motivation. Hier kommt dann die erlernte Hilflosigkeit ins Spiel: Wenn wir das Gefühl haben, keinen Einfluss auf unsere Situation zu haben, verlieren wir den Antrieb und stecken den Kopf in den Sand. Doch um Erfolg zu haben, müssen wir unsere Selbstwirksamkeit wiederherstellen – das bedeutet, aktiv Einfluss auf unsere Ziele und unsere Motivation zu nehmen.

Die Lösung? Meckern und Jammern weglassen! In vielen Teams ist es zur Gewohnheit geworden, über alles und jeden zu meckern – über die Kollegen, die Kunden oder das Projekt selbst. Doch wenn wir aufhören zu jammern und stattdessen konstruktiv handeln, entsteht eine viel positivere und energiereichere Atmosphäre. Der Schlüssel zur Veränderung liegt oft in so einfachen Schritten: Das ständige Nörgeln aufgeben und stattdessen aktiv an Lösungen arbeiten. Hindernisse als Wachstumschancen begreifen. Stroh zu Gold spinnen.

Zurück zu Rumpelstilzchen: Warum kann man in der Realität Stroh nicht in Gold verwandeln? Stroh besteht hauptsächlich aus organischen Verbindungen wie Zellulose, während Gold ein chemisches Element ist, das ausschließlich aus Goldatomen besteht (Ordnungszahl 79 im Periodensystem). Gold ist extrem stabil und reagiert nicht leicht mit anderen Stoffen. Um Stroh in Gold zu verwandeln, müsste man die Atome des Strohs – Kohlenstoff, Wasserstoff und Sauerstoff – in Goldatome umwandeln. Das wäre nur durch extrem aufwendige kernphysikalische Prozesse möglich, wie sie etwa bei Supernova-Explosionen im Weltall geschehen.

Transformation einleiten

In der Mentalstrategie gibt es einen klaren schrittweisen Ablauf, der uns dabei hilft, tief verwurzelte Gefühle und Verhaltensweisen zu verändern – hin zu einem stärkeren Gemeinschaftsgefühl und einem größeren Selbstbewusstsein im Team.

Der erste Schritt beginnt mit der bewussten Wahrnehmung des allerersten Gedankens. Dieser Gedanke kann oft flüchtig und »harmlos« erscheinen, aber er trägt bereits die Saat für alles, was folgt. Nehmen wir beispielsweise wahr, dass wir uns ausgeschlossen fühlen und dabei denken: »Ich gehöre nicht dazu.« Dieser Moment der Erkenntnis ist entscheidend, denn ohne das Erkennen unseres inneren Zustands können wir nichts verändern. Wir müssen uns also bewusst machen, wie wir uns fühlen und was dieser Gedanke in uns auslöst.

Im nächsten Schritt geben wir diesem Gedanken eine klare Form, indem wir ihn in Worte fassen. Es ist, als würden wir dem Nebel in unserem Kopf eine Gestalt geben. Indem wir den Gedanken – oder unser Ziel – bewusst formulieren, geben wir ihm eine Richtung. Vielleicht sagen wir uns: »Ich möchte ein aktiver Teil dieses Teams sein« oder »Ich will zeigen, dass auch mein Beitrag zählt«. Allein dieser Akt des Aussprechens oder Aufschreibens schafft Klarheit. Der Gedanke wird greifbar und lebendig, und das gibt uns den Mut, weiterzugehen.

Nun kommt die entscheidende Phase: Wir verbinden diesen Gedanken mit einem Gefühl. Es ist wichtig, nicht nur zu denken, sondern auch zu fühlen, wie es wäre, Teil des Teams zu sein, geschätzt zu werden und selbstbewusst aufzutreten. Dieses Gefühl verleiht uns die Energie, die wir brauchen, um ins Handeln zu kommen. Denn ohne die emotionale Verbindung bleibt der Gedanke oft bloß eine leere Hülle. Wenn wir aber spüren, wie gut es sich anfühlen würde, wirklich dazuzugehören, wird der nächste Schritt viel leichter.

Jetzt geht es darum, konkrete Handlungen einzuleiten. Das bedeutet, die Gedanken und Gefühle in die Realität umzusetzen – vielleicht, indem wir im nächsten Meeting die Kamera einschalten, bewusst Augenkontakt suchen oder ein freundliches Gespräch mit einem Kollegen beginnen. Diese ersten Handlungen sind oft die schwersten, weil wir uns dabei aus unserer Komfortzone bewegen müssen. Doch sie sind auch die kraftvollsten, denn sie öffnen die Tür zu neuen Erfahrungen.

Nachdem wir die ersten Schritte gegangen sind, werden wir die ersten Ergebnisse spüren. Vielleicht sind sie klein, aber sie sind da: Ein Kollege reagiert positiv auf unser Gespräch, wir fühlen uns ein wenig mehr gesehen, die Atmosphäre im Team verändert sich leicht. Diese positiven Ergebnisse bestärken uns darin, weiterzumachen.

Sind die Ergebnisse ermutigend, werden wir die Handlungen wiederholen – vielleicht leicht angepasst oder verbessert. Und genau hier beginnt die Transformation: Durch die Wiederholung werden aus einmaligen Aktionen Gewohnheiten. Diese neuen Gewohnheiten verändern nicht nur unser Verhalten, sondern auch unser inneres Erleben. Mit der Gewohnheit, aktiv ins Gespräch zu gehen, Kontakt zu suchen oder sich offen zu äußern, entwickelt sich in uns mit der Zeit immer mehr das Gefühl: »Ich gehöre zum Team und mein Beitrag ist wertvoll.«

Mit jeder Wiederholung verfestigen sich diese positiven Muster. Durch das kontinuierliche Anpassen und Verbessern unserer Handlungen verändert sich schließlich auch unser Charakter. Wir wachsen in die Rolle, die wir uns wünschen – wir werden zu der Person, die wir schon immer sein wollten: Eine Person, die sich im Team wohlfühlt, die ihren Platz gefunden hat und die Selbstbewusstsein ausstrahlt.

So führt uns die Mentalstrategie Schritt für Schritt dazu, unsere Gefühle der Fremdheit zu überwinden und unseren Platz im Team mit innerer Stärke und Klarheit einzunehmen.

Konflikte lösen

Es ist viele Jahre her, als ich mir einen lang gehegten Traum erfüllte: den Kauf eines eigenen Pferdes. Ein junges, wildes Pferd, das mein Leben verändern sollte – allerdings ganz anders, als ich es mir vorgestellt hatte.

In meiner Jugend hatte ich Haflinger, liebe, aber etwas sture Ponys. Mit ihnen konnte man viel unternehmen, und obwohl sie nicht immer genau das taten, was wir wollten, passte das irgendwie zu meiner damaligen ungestümen Lebensphase. Sie waren gutmütig, und so gab es nie ernsthafte Probleme. Meine Mutter musste sich keine Sorgen machen.

Doch mit den Jahren änderte sich einiges. In meinen 40ern, als die Anforderungen des Lebens – der Job, stressige Projekte, die Kinder, das Familienleben – immer drängender wurden, kam in mir der Wunsch nach Freiheit auf. Ich sehnte mich nach der Unbeschwertheit meiner Jugend, nach einem wilden Abenteuer. Und was verkörpert das Gefühl von Freiheit besser, als auf einem Pferd mit wehenden Haaren dem Sonnenuntergang entgegenzureiten?

Also kaufte ich mir ein junges, temperamentvolles Vollblut, mit wilder Mähne und klaren Augen. Kaum stand er im benachbarten Stall, begannen die Schwierigkeiten. Jeden Tag versuchte ich, ihn auf der viel zu großen Koppel einzufangen – erfolglos. Er war immer schneller, immer wendiger, und während ich völlig außer Atem war, stand er seelenruhig da – mich mit Abstand beobachtend. Wenn es mir dann endlich gelang, ihm das Halfter anzulegen, wollte nichts funktionieren. Er ließ sich weder führen noch reiten. Und wenn ich ihn doch einmal satteln konnte, verweigerte er den Gang auf den Reitplatz, vom Wald ganz zu schweigen. Schafften wir es doch in den Wald, war es stets ein wilder, unkontrollierter Ritt.

Rückblickend frage ich mich, wie ich es immer wieder heil nach Hause schaffte. Mein Pferd lebte seine Freiheit – die Freiheit, die ich eigentlich suchte. Mir war klar: So konnte es nicht weitergehen. Zu Hause erzählte ich meinem Mann wenig davon, denn er hatte mir mehr als deutlich gemacht, wie gefährlich solche Eskapaden enden könnten.

Nach zwei Jahren, in denen nichts besser wurde, machte ich eine entscheidende Erkenntnis: Nicht das Pferd war das Problem – ICH war es. Ich hatte nicht versucht, ihn zu verstehen, seine Sprache zu lernen oder seine Bedürfnisse zu erkennen. Stattdessen hatte ich ihm meine eigenen Vorstellungen aufgedrängt. Ich wollte, dass er meine Wünsche erfüllte, ohne zu berücksichtigen, was er brauchte. Kein Wunder, dass wir in einem ständigen Konflikt lebten. Wie unfair von mir!

Der Wendepunkt kam, als ich anfing, mein Pferd wirklich kennenzulernen. Ich lernte seine Sprache, erkannte sein Bedürfnis nach Sicherheit und begann, ihm Vertrauen zu schenken. Ich hörte auf, meine Vorstellungen durchsetzen zu wollen, und baute eine echte Beziehung zu ihm auf. Heute sind wir ein eingespieltes Team. Mit einem kurzen Klick trabt er los, ein sanfter Kuss bringt ihn in den Galopp, und auf ein »Ho« hin wird er ruhig – und das alles in die richtige Richtung: gemeinsam dem Sonnenuntergang entgegen.

Der Schlüssel zu unserem Erfolg? Verständnis, Zuhören und das Erfüllen seiner Bedürfnisse nach Sicherheit. Ich musste lernen, mit ihm zu »flüstern«. Ich wurde zur Pferdeflüsterin. Erst damit konnte ich seine Signale deuten und auf seine Bedürfnisse eingehen. Erst dadurch wurde aus uns das Team, das ich mir von Anfang an erträumt hatte.

Manchmal ist der Weg zur Freiheit nicht der, den man sich vorgestellt hat – sondern der, den man gemeinsam finden muss.

Die Geschichte von meinem Pferd und mir lässt sich hervorragend auf die Arbeit in Projekten übertragen – vor allem, wenn es um Konflikte im Team geht.

In Projekten arbeiten unterschiedliche Menschen mit unterschiedlichen Erwartungen, Fähigkeiten und Perspektiven zusammen. Es kann schnell passieren, dass man, wie ich damals mit meinem Pferd, aneinander vorbeiredet. Man zieht in verschiedene Richtungen, spricht nicht dieselbe Sprache und verliert aus den Augen, was eigentlich zählt: das gemeinsame Ziel.

Was habe ich gelernt, das sich auf die Projektwelt übertragen lässt?

1. **Verstehen, bevor man führt:** Als ich mein Pferd kaufte, war ich nur darauf fokussiert, meine eigenen Bedürfnisse nach Freiheit und Abenteuer zu erfüllen. Aber ich habe völlig vernachlässigt, dass mein Pferd ganz andere Bedürfnisse hatte – nämlich die Bedürfnisse nach Sicherheit, Vertrauen und Führung. Genau das passiert häufig auch im Projektteam. Wenn wir uns nicht die Zeit nehmen, die Anliegen und Bedürfnisse der Teammitglieder zu verstehen, dann entstehen Missverständnisse und Konflikte. Wir reden aneinander vorbei und keiner fühlt sich richtig abgeholt.

   Lösungsansatz: Der erste Schritt zur Konfliktlösung im Team ist Zuhören. Alle sollten die Möglichkeit haben, die eigene Perspektive darzulegen. Nur so können wir wirklich verstehen, worin der Konflikt besteht und wie er sich lösen lässt. Führungskräfte oder Projektleiter sollten nicht sofort eingreifen und »satteln«, sondern sich erst ein Bild machen und das Team verstehen.

2. **Gemeinsame Sprache finden:** Bei meinem Pferd war das Problem, dass ich seine Sprache nicht verstand. Ich habe seine Signale ignoriert und wollte ihm meine Vorstellungen aufzwingen. In Projekten passiert genau dasselbe, wenn verschiedene Abteilungen oder Teammitglieder mit unterschiedlichem Fachwissen und Kommunikationsstilen aufeinanderprallen. Jeder spricht »seine« Sprache, aber niemand übersetzt. Das führt zu Missverständnissen und Frustrationen.

Lösungsansatz: Es ist wichtig, eine gemeinsame Sprache im Team zu entwickeln – sei es durch klare Kommunikationsregeln, regelmäßige Abstimmungen oder eine transparente Arbeitsweise. Wenn alle auf derselben Wellenlänge sind, verschwinden viele Konflikte von selbst.

3. **Bedürfnisse erkennen und erfüllen:** Mein Pferd braucht in erster Linie Sicherheit, und ich musste lernen, ihm diese zu geben. In Projektteams ist es ähnlich. Menschen brauchen Anerkennung, Vertrauen und das Gefühl, dass ihre Anliegen ernst genommen werden. Werden diese Bedürfnisse übergangen, schwindet die Motivation und Konflikte eskalieren.

   Lösungsansatz: Eine Projektleiterin sollte die Bedürfnisse jedes Teammitglieds erkennen und versuchen, sie zu erfüllen. Das bedeutet, Verantwortung zu delegieren, Lob und Anerkennung auszusprechen und für ein Umfeld zu sorgen, in dem sich jeder sicher fühlt. Es hilft nichts, jemandem stur eine Aufgabe aufzuzwingen, ohne zu klären, ob diese Person damit überhaupt gut arbeiten kann.

4. **Führen durch Vertrauen:** Was mein Pferd schließlich zum Partner machte, war Vertrauen. Ich habe nicht mehr versucht, ihm meine Vorstellungen aufzuzwingen, sondern ein Umfeld geschaffen, in dem er wusste, dass ich seine Bedürfnisse verstehe und respektiere. Im Team ist das nicht anders: Vertrauen ist die Basis für erfolgreiche Zusammenarbeit. Ohne Vertrauen kommt es immer wieder zu Missverständnissen und Streitigkeiten.

   Lösungsansatz: Durch ehrliche und transparente Kommunikation Vertrauen im Team aufbauen. Indem man zuhört, fair handelt und Verantwortung teilt, fühlt sich jeder im Team respektiert und ernst genommen.

Konflikte im Projektteam lassen sich oft auf ähnliche Weise lösen, wie ich es mit meinem Pferd geschafft habe: durch Verständnis, eine gemeinsame Sprache und dem Gestalten eines vertrauensvollen Umfelds. Statt die eigenen Vorstellungen stur durchzusetzen, sollten wir lernen, »Teamflüsterer« zu werden. Das bedeutet, auf die Bedürfnisse der anderen einzugehen und gemeinsam auf das Ziel zuzusteuern.

Wenn uns das gelingt, werden wir – wie mein Pferd und ich – am Ende gemeinsam gen Sonnenuntergang reiten.

5. **Nicht von hinten aufspringen:** Alle Reiterinnen wissen, auch wenn wir unser Pferd schon viele Jahre kennen und wir ein gutes Team sind, können wir dennoch nicht einfach von hinten aufspringen und losreiten. Aufspringen und Losreiten funktioniert nicht.

Jeden Tag von Neuem fordert das Pferd und will wissen, ob wir uns weiterhin freundlich begegnen. Jeden Tag stellt es von Neuem die Frage, ob ich nicht doch zu einem Raubtier mutiert bin und ihm gefährlich werden könnte.

Unsere Zusammenarbeit im Team funktioniert ähnlich wie das Zusammenspiel mit einem Pferd: Es braucht tägliche Bestätigung und Pflege. Jeden Tag sollten wir als Führungskraft oder Teammitglied bewusst darauf achten, dass sich jedes einzelne Teammitglied wertgeschätzt und willkommen fühlt. Das kann so einfach sein wie ein aufrichtiges »Schön, dass du da bist« am Morgen, ein »Danke für deine Unterstützung« nach einem erfolgreichen Meeting oder eine kurze Anerkennung für geleistete Arbeit. Diese kleinen, aber wichtigen seelischen Gesten wirken wie Öl im Getriebe des Teams. Sie fördern Vertrauen, mindern Konflikte und schaffen eine Atmosphäre, in der Zusammenarbeit leichtfällt. Wenn wir uns diese Haltung zur Gewohnheit machen, stärken wir die Verbindung untereinander und schaffen ein Umfeld, in dem alle ihr Bestes geben können. So entsteht ein Team, das nicht nur gut zusammenarbeitet, sondern im Idealfall auch gemeinsam in den Flow kommt.

Verstehen, Vertrauen und Teamwork - so reitet man gemeinsam in den Erfolg!

Odyssee der Ziele - Eine Reise ins Herz des Projekterfolgs

Es war eines dieser typischen Meetings, in denen man neu ins Projekt geworfen wird. Frisch und motiviert, stellte ich die Frage, die doch eigentlich selbstverständlich sein sollte: »Wo kann ich die Projektziele nachlesen?« Die Antwort kam prompt – man verwies mich auf das Projekthandbuch. Ein leises Aufatmen meinerseits. »Endlich etwas Schriftliches«, dachte ich. Doch meine Zuversicht wich schnell einem Stirnrunzeln, als ich das Kapitel »Projektziele« aufschlug. Die Worte, die mir entgegenblickten, lauteten: »Wird noch festgelegt.« Dennoch war das Handbuch unterschrieben, finalisiert und in die Welt entlassen.

»Interessant«, dachte ich – und ließ nicht locker. Ich hakte weiter nach und erfuhr, dass es einen Ziele-Workshop gegeben hatte. Ah, ein Hoffnungsschimmer! Doch dieser Hoffnungsschimmer verwandelte sich schnell in die Erkenntnis, dass ich offenbar in einem weiteren Chaosprojekt gelandet war. Das Dokument mit den Workshop-Ergebnissen war etwa zehn Seiten lang – auf jeder Seite reihten sich drei bis sieben »Ziele« aneinander. Doch diese Ziele waren eher … sagen wir mal: kreativ.

Hier einige Highlights:

- »Das Projektteam arbeitet gerne im Projekt zusammen.«
- »Das Budget hat einen Toleranzrahmen von 30 %.«
- »Für zusätzliche Leistungsziele ist ein zusätzliches Budget notwendig.«
- »Berichte sind von allen relevanten Projektmitgliedern zu nutzen.«

Ich hörte förmlich den verzweifelten Beifall, der im Workshop geherrscht haben musste, als diese Punkte entstanden waren und festgehalten wurden. Vermutlich saß das Team danach zusammen und dachte: »Ja, das sind solide Ziele!« Und hier wird es spannend: Ich bin überzeugt, dass sie genau das glaubten! Mit besten Absichten und viel Mühe hatten sie diese Liste erstellt, voller Überzeugung, das Richtige zu tun.

Doch wenn du hier nun gerade die Stirn runzelst und denkst: »Uns könnte so etwas niemals passieren!«, dann sage ich dir: Es passiert häufiger, als du denkst. Mir ist eine solche oder ähnliche »Definition« von Zielen in meiner Karriere schon unzählige Male begegnet.

Warum klare Ziele so wichtig sind

Ein Projekt ohne klare Ziele ist wie ein Fußballspiel ohne Torrahmen. Stelle dir vor, zwei Mannschaften stehen auf dem Feld, spielen begeistert den Ball hin und her, doch niemand weiß, wohin dieser Ball eigentlich soll. Klingt absurd? Genau so fühlt sich ein Projekt ohne präzise Zielsetzung an. Im Fußball ist das Ziel glasklar: Mehr Tore schießen als die gegnerische Mannschaft – und das innerhalb von 90 Minuten. Klare Sache, oder?

Ein Projekt darf gerne mehr als ein Ziel haben, aber diese Ziele müssen:

1. Eindeutig formuliert sein.

2. Ineinandergreifen.

3. In den Kategorien Termine, Budget und Qualität sinnvoll sein.

Die Macht der Zielklarheit

Ziele allein zu definieren reicht nicht aus. Sie müssen *leben*! Das bedeutet: Sprich täglich darüber. Egal, ob am Kaffeeautomaten oder im Meeting – halte den Fokus auf den Zielen. Verankere sie in den Köpfen deines Teams.

Hier ein praktischer Tipp dazu: Teste, ob die Ziele wirklich klar sind. Frage drei Kollegen unabhängig voneinander: »Worum geht es in unserem Projekt?« Wenn ihre Antworten übereinstimmen, hast du alles richtig gemacht. Wenn nicht, hast du noch Arbeit vor dir.

Deshalb sei dir immer bewusst:

Am Ende des Tages geht es nicht nur um die großen Worte wie »Zielklarheit« und »Projekterfolg«. Es geht darum, den Fokus aller Beteiligten so auszurichten, dass jeder seinen Beitrag zum großen Ganzen erkennt. Erst die Summe klarer, abgestimmter Einzelziele macht das übergeordnete Projektziel erreichbar.

KLARE ZIELE SIND DER SCHLÜSSEL. UND WIE AUF EINER ODYSSEE BRAUCHST DU DIESEN KOMPASS, UM DEN HAFEN DES ERFOLGS ZU ERREICHEN.

NAVIGIEREN ZWISCHEN KLIPPEN - WIE RISIKEN DAS STEUER ÜBERNEHMEN KÖNNEN

Stelle dir ein typisches Projekt vor: In einem Büro sitzt der Projektleiter, bewaffnet mit Plänen, Meeting-Protokollen und einer unerschütterlichen Entschlossenheit, das Projektziel zu erreichen. Nur ein paar Türen weiter sitzt der »Zahlenmensch«. Der Controller. Er ist der Hüter der Listen, der Wächter des Budgets und der Interpret der Kennzahlen. Dieser Zahlenmensch kennt jede Zahl in seinem Universum, als hätte er sie selbst erschaffen. Er kann dir jederzeit sagen, ob das Projekt im Budget ist – oder über alle Maßen hinausgeschossen ist.

DIE DYNAMIK VON ZAHLEN UND RISIKEN

Der Controller ist ein pragmatischer Geist. Er denkt in klaren, strukturierten Bahnen, während der Projektleiter oft zwischen der Vision und den Widrigkeiten des Alltags manövriert. Sie tauschen sich regelmäßig aus und das funktioniert meistens gut. Besonders, wenn es um Risiken geht. Der Projektleiter meldet: »Hier ist ein Risiko eingetreten!« Der Controller schmunzelt. Für ihn ist das keine Katastrophe, sondern eine Erleichterung. Endlich kann er diese unsichere »von-bis-Zahl« in eine konkrete Größe umwandeln. Unsicherheiten, die vorher nur graue Wolken am Horizont waren, verwandeln sich in feste Zahlen, die er in seine Tabellen eintragen kann. In diesem Moment ist der Controller zufrieden. Alles ist berechenbar, alles ist unter Kontrolle. Oder etwa nicht?

In dieser Situation werden Risiken verwaltet, nicht gemanagt. Sie werden katalogisiert, monetarisiert und abgehakt. Doch das eigentliche Problem – das Risiko an sich – bleibt bestehen. Vielleicht ist diese Darstellung etwas zugespitzt, aber in erstaunlich vielen Projekten sieht die Realität genau so aus: Risiken werden als Zahlen in einer Excel-Tabelle wahrgenommen, nicht als Bedrohungen, die aktiv entschärft werden müssen.

Chaos oder Kontrolle?

Wenn ich wissen will, ob ein Projekt in geordneten Bahnen verläuft oder eher einem sinkenden Schiff gleicht, sehe ich mir als Erstes das Risikomanagement an. Die Diagnose ist oft einfacher, als man denkt. Ich stelle ein paar grundlegende Fragen:

- Sind die Risiken im Terminplan sichtbar?
- Gibt es Vorbeugemaßnahmen, die im Zeitplan aufgenommen sind?
- Welche Risiken sind in ähnlichen Projekten eingetreten und wie wird dieses Mal vorgebeugt?

Wenn die Antworten ausbleiben oder vage sind, weiß ich: Dieses Projekt segelt blind. Die Klippen und Eisberge sind zwar irgendwo da draußen, aber niemand scheint zu wissen, wo genau – geschweige denn, wie man sie umschiffen könnte.

Risiken als Strategie

Gutes Risikomanagement erinnert an die Arbeit eines Kapitäns. Stelle dir vor, du bist auf einem großen Schiff unterwegs. Dein Zielhafen liegt klar vor Augen, aber der Weg dorthin ist gespickt mit potenziellen Gefahren: Stürme, Klippen, vielleicht sogar Eisberge. Ein guter Kapitän hat immer einen Plan B in der Tasche und einen Reservespieler – oder in diesem Fall eine Ersatzstrategie – an Bord. Wenn der Wind dreht oder das Schiff nicht wie geplant reagiert, greift er auf seine Alternativen zurück.

Ein Projekt ohne Risikomanagement? Das ist wie ein Schiff, das ohne Karten und ohne Ersatzsegel aufbricht. Jeder Eisberg wird zur tödlichen Gefahr. Der Unterschied zwischen Erfolg und Untergang ist die Fähigkeit, Risiken nicht nur zu katalogisieren, sondern aktiv anzugehen.

Die Projektleiterin – nennen wir sie mal die »Steuerfrau« – hat eine klare Vorstellung von ihrem Ziel. Sie weiß genau, wo der Hafen ist. Und sie kennt die Klippen und Eisberge links und rechts ihrer Route. Sie spricht mit ihrem Team, tauscht sich mit anderen Kapitänen aus, die diese Gewässer schon durchquert haben, und bereitet sich auf die unvorhersehbaren Stürme vor. Für sie ist das Projekt ein ernstes Spiel, bei dem es darum geht, Risiken zu meistern und das Ziel zu erreichen.

Risiken sind die Eisberge auf ihrem Weg. Ihre Aufgabe ist es, diese Gefahren frühzeitig zu erkennen und ihre Route entsprechend anzupassen. Eisberge dürfen nicht berührt werden, geschweige denn gerammt. Sonst droht das Schicksal der Titanic – ein Untergang, der mit besserem Risikomanagement leicht vermeidbar gewesen wäre.

Risikomanagement ist nicht nur ein »Nice-to-have«, sondern das Rückgrat jedes erfolgreichen Projekts. Es ist die Fähigkeit, das Unvorhersehbare vorherzusehen und darauf vorbereitet zu sein. Risiken sind keine reinen Zahlenkolonnen – sie sind reale Herausforderungen, die mit Strategie, Planung und Mut bewältigt werden können. Wer das versteht, hat den Schlüssel zum Projekterfolg in der Hand. Und wer nicht? Nun, der sollte besser Rettungsboote bereithalten.

Aktives Risikomanagement ist essenziell, um potenzielle Gefahren frühzeitig zu erkennen, gezielt zu entschärfen und das Projekt sicher zum Ziel zu steuern.

Chaos im Kopf - Abgelenkt durch sich selbst

Die Bühne unseres Geistes: Das Büro

Wenn ich ein Büro betrete, ist mein erster Blick oft nicht zufällig, sondern zielgerichtet. Ich scanne die Wände. Was hängt dort? Inspirierende Poster, aktuelle Projektpläne oder etwa vergilbte Zettel, die seit Jahren unbeachtet sind? Die Atmosphäre eines Raumes spricht Bände. Sie erzählt von Aktivität, Engagement oder eben auch von Stagnation. Mein Blick wandert weiter zu den Schreibtischen: Wie sehen sie aus? Wirken sie wie geordnete Arbeitsbereiche oder wie Ablageplätze für Chaos? Und, wenn ein Flipchart im Raum steht – wird es aktiv genutzt oder steht es verwaist in der Ecke?

Natürlich weiß ich, dass mein erster Eindruck nicht immer vollständig zutreffend ist. Aber er gibt mir Hinweise. Jeder Arbeitsplatz, jede Umgebung spiegelt das Innenleben der Menschen wider, die dort arbeiten. Auch mein eigener Schreibtisch ist nicht immer perfekt. Doch eins habe ich gelernt: Eine Grundstruktur ist essenziell. Sie bietet mir die Klarheit, die ich brauche, um effizient zu arbeiten.

Ordnung als mentale Entlastung

Während ich diese Zeilen schreibe, werfe ich einen kurzen Blick auf meinen Schreibtisch. Ein paar Dinge liegen herum. Also halte ich inne, greife zu und räume sie weg. Mit wenigen Handgriffen schaffe ich Platz. Und plötzlich – ich spüre es fast körperlich – kehrt Klarheit in meinen Geist zurück.

Eine Anekdote aus der öffentlichen Verwaltung kommt mir in den Sinn: Mein Bruder erzählte mir einmal, wie dort aufgeräumt wird, wenn Besucher erwartet werden. »Die oberste Schublade ist das Geheimnis«, sagte er. »Einmal auf, alles rein, und schon sieht es ordentlich aus.« Ein humorvoller Trick, aber auf lange Sicht nicht nachhaltig. Denn die Unordnung ist nur verschoben, nicht bewältigt. Und das zeigt sich letztlich auch in der Arbeit selbst.

Warum ist Ordnung so wichtig?

Ein ordentlicher Schreibtisch ist mehr als nur eine optische Angelegenheit. Er ist die Visitenkarte meines Kopfes.

Struktur als Schlüssel zum Erfolg
Wenn meine Gedanken chaotisch und unorganisiert sind, spiegelt sich das auf meinem Schreibtisch wider. Und umgekehrt: Ein geordneter Arbeitsplatz gibt meinen Gedanken Struktur. Für Projekte und Teams gilt dasselbe. Ein Projekt kann nur erfolgreich geführt werden, wenn ich ihm eine klare Struktur gebe. Ein Team kann nur effektiv arbeiten, wenn ich als Führungskraft ein Vorbild bin – in Organisation und Zielorientierung.

Offene Loops schließen
Jeder unerledigte Gegenstand auf meinem Schreibtisch »ruft« nach Aufmerksamkeit. Diese ständigen offenen Loops binden mentale Energie. Mein Kopf bleibt beschäftigt, auch wenn ich mich auf etwas anderes konzentrieren möchte. Das Resultat: Verminderte Konzentration und schwache Zielorientierung. Eine einfache Liste schafft Abhilfe. Wenn ich Aufgaben notiere, entlaste ich mein Gedächtnis. Ich weiß, dass ich nichts vergesse, aber auch, dass ich mich später darum kümmern kann. Mein Kopf ist frei, ich kann mich auf die aktuelle Aufgabe fokussieren.

Mentalstrategien für klare Gedanken

Unser Geist funktioniert wie ein Computer mit begrenztem Arbeitsspeicher. Je mehr Tabs und Programme gleichzeitig geöffnet sind, desto langsamer wird er. Genau hier setzen mentale Methoden an, um Ordnung zu schaffen – im Kopf und auf dem Schreibtisch.

Das Prinzip des »Mind Dump«
Schreibe alles auf, was dir durch den Kopf geht. Egal, ob es sich um Aufgaben, Ideen oder Sorgen handelt. Lege eine Liste oder ein Notizbuch an, in dem du diese Gedanken sammelst. Sobald sie notiert sind, belasten sie dein Kurzzeitgedächtnis nicht mehr. Du hast wieder Raum geschaffen für klare Überlegungen.

Die Zwei-Minuten-Regel
Frage dich: Kann ich diese Aufgabe in weniger als zwei Minuten erledigen? Wenn ja, erledige sie sofort. Dieser Ansatz verhindert, dass sich Kleinigkeiten zu einem Berg von unerledigten Aufgaben anhäufen.

Visualisierung als Ordnungswerkzeug
Stell dir vor, dein Kopf ist ein Raum. Welche »Ecken« sind zugestellt? Welche Bereiche brauchen mehr Licht, mehr Struktur? Visualisiere, wie du diesen Raum aufräumst. Beginne mental und setze deine Vorstellungen dann in konkreten Schritten um.

Jetzt ist der Moment

Das klingt nach Ordnungswahn? Vielleicht. Aber probiere es aus. Halte inne und sieh dich auf deinem Schreibtisch um. Was gehört nicht hierhin? Was kannst du sofort entfernen? Tu es, ohne lange nachzudenken. Spüre, wie es nicht nur an deinem Arbeitsumfeld aufgeräumter wird, sondern auch in deinem Kopf.

Chaos im Kopf ist kein unveränderlicher Zustand. Mit den richtigen Strategien und ein wenig Disziplin kannst du die Ablenkungen durch dich selbst minimieren. Mentale Klarheit beginnt dort, wo du den Raum dafür schaffst – in deinem Kopf und in deiner Umgebung.

Diese Klarheit ist nicht nur ein Gewinn für dich persönlich, sondern auch der Schlüssel zu erfolgreichem Projektmanagement. In Projekten jonglierst du mit parallelen Aufgaben, kommunizierst mit vielen Beteiligten und triffst Entscheidungen, die den Erfolg bestimmen. Ist dein Geist überladen, leidet deine Fähigkeit, Prioritäten zu setzen, strukturiert zu arbeiten und effizient zu führen.

Ein aufgeräumtes Umfeld – und der dadurch entstehende Fokus – ist dein erster Schritt, um Ordnung in deine Projekte zu bringen. Je klarer deine Gedanken sind, desto besser kannst du deinem Team Orientierung geben und deine Projekte zum Erfolg führen. Dein Schreibtisch ist nur der Anfang. Die Strukturen, die du hier schaffst, legen den Grundstein für alles, was du erreichen willst.

ÄUßERE ORDNUNG SCHAFFT MENTALE KLARHEIT UND BILDET DIE BASIS FÜR FOKUSSIERTES ARBEITEN. WER STRUKTUREN ETABLIERT, KANN PROJEKTE UND TEAMS EFFIZIENTER FÜHREN.

ORDNUNG IM CHAOS - DIE ESSENZ ERFOLGREICHEN PROJEKTMANAGEMENTS

Wie die Strömungen in einer Kaffeetasse, die von scheinbarem Durcheinander zu geordneten Wirbeln wechseln können, ist auch das Chaos in Projekten oft nur der Anfang eines neuen Systems. Der Übergang von Unordnung zu Struktur geschieht, wenn wir die richtigen Hebel ansetzen – und diese Hebel liegen in unseren Händen. Chaos ist kein Endzustand, sondern eine Phase der Entwicklung, die wir durch kluge Ansätze und klare Strategien in produktive Bahnen lenken können.

Die Botschaften dieses Buches bieten dir eine Landkarte, um solche Übergänge zu meistern: Aktives Risikomanagement schützt dich vor Überraschungen, ein klarer Umgang mit Zeit und Prioritäten bewahrt dich vor Unübersichtlichkeit. Mit Mentalstrategien stärkst du deine Energie und Freude, und Vertrauen und Teamwork machen aus Einzelkämpfern eine eingespielte Einheit. Schließlich sind es klare Ziele, die wie ein Kompass den Weg weisen, und **äußere Ordnung**, die für mentale Klarheit sorgt.

PROJEKTE SIND DYNAMISCHE SYSTEME - WIE IN DER CHAOSFORSCHUNG. KLEINE VERÄNDERUNGEN, KLARE ENTSCHEIDUNGEN UND BEWUSSTE FÜHRUNG KÖNNEN GROßE WIRKUNG ENTFALTEN.

Mit diesen Erkenntnissen und der Bereitschaft, kontinuierlich zu lernen, wirst du in der Lage sein, selbst Turbulenzen in geordnete Bahnen zu lenken und dein Projekt sicher ans Ziel zu führen.

> Deterministisches Chaos ist wie ein wildes Wirbelwindspiel. Stelle dir vor, du hast ein kleines Windrad, das sich dreht, wenn der Wind weht. Normalerweise kannst du vorhersagen, wie es sich dreht, weil der Wind immer gleich weht. Aber manchmal passiert etwas Seltsames: Der Wind bläst ein bisschen stärker oder schwächer, und plötzlich dreht sich das Windrad ganz anders als erwartet!
>
> Genau das passiert im deterministischen Chaos. Es sind wie kleine Unsicherheiten im System, die es unberechenbar machen. Selbst wenn du alles über das Windrad weißt – wie es gebaut ist, wie stark der Wind normalerweise weht –, kann es immer noch verrücktspielen. Das macht es so spannend und geheimnisvoll!
>
> Also sei dir bewusst: Manchmal sind die Dinge, die wir denken vorhersehen zu können, doch ein bisschen chaotisch – wie ein wildes Windrad im Sturm!

2. Vom Mentalstrategie-Ansatz für Superhelden

Fünf mentale Methoden für noch mehr Erfolg

Wichtig ist zu verstehen, wie du mit einem mentalen Umhang innere Stärke, Fokus und Resilienz entwickelst, um strahlend und selbstbewusst durch die Zeit der Projektdauer zu gehen – und natürlich auch nach dem Projekt. Anfangs bewusst getragen, wird dieser Umhang durch regelmäßige Anwendung zu einem natürlichen Teil deiner Persönlichkeit. Mit klarer Zielorientierung, Beharrlichkeit und der Bereitschaft, Herausforderungen anzunehmen, stärkst du ihn und wächst über dich hinaus. Dein mentaler Umhang macht dich zur Heldin deines Lebens und befähigt dich, dein volles Potenzial zu entfalten.

Und genau hier kommt ein weiterer entscheidender Schlüssel ins Spiel: deine Absicht. Denn dein mentaler Umhang wirkt nur dann in seiner vollen Kraft, wenn du weißt, wohin du willst – und bereit bist, loszugehen. Absicht und Mut sind das Duo, das dich befähigt, dich selbst zu entfalten und die besten Möglichkeiten des Lebens zu nutzen.

Wer seinen Selbstwert kennt und an die eigene Wirksamkeit glaubt, schafft das stabile Fundament für echtes Selbstvertrauen. Diese innere Stärke hilft dir, deine Absichten in konkrete Handlungen zu verwandeln. Dabei entsteht Selbstvertrauen nicht durch Stillstand, sondern durch Bewegung – durch tägliche Schritte heraus aus der

Komfortzone. Dort, wo Unsicherheiten warten, liegen auch Wachstum, Erkenntnis und Entwicklung.

Mut bedeutet nicht, keine Angst zu haben, – sondern sich trotzdem zu zeigen. Genau das ist der Weg zu einem erfüllten, selbstbestimmten Leben: mit Absicht handeln, mutig neue Wege gehen und sich immer wieder zutrauen, über sich hinauszuwachsen.

ABSICHT UND MUT SIND WIE ZÜNDFUNKEN - SIE ENTFACHEN DEIN INNERES FEUER UND ÖFFNEN DIE TÜR ZU EINEM LEBEN, IN DEM DU DEIN VOLLES POTENZIAL LEBST.

Dein mentaler Umhang sollte fünf Methoden enthalten.

Absicht ist alles - Selbstwert und Selbstvertrauen stärken

Unsere innere Stärke und unser Auftreten im Außen basieren auf zwei zentralen Konzepten: Selbstwert und Selbstvertrauen. Diese beiden Begriffe sind untrennbar miteinander verbunden und beeinflussen unser Handeln, Denken und Fühlen – und somit unseren Erfolg. Dieses Kapitel widmet sich der Bedeutung von Selbstwert und Selbstvertrauen, ihrer Wechselwirkung und wie wir sie bewusst stärken können, um unsere Ziele zu erreichen.

Selbstwert: Der innere Kompass

Selbstwert ist die tief empfundene Überzeugung, dass wir wertvoll sind. Es ist das Grundgefühl, das uns sagt: »Ich bin gut, so wie ich bin. Ich bin wertvoll.« Interessanterweise taucht der Begriff »Selbstwert« so nicht einmal im Duden auf – stattdessen wird »Selbstwertgefühl« genannt. Doch dieser kleine Unterschied zeigt, wie fundamental der

Selbstwert ist: Er ist mehr als ein Gefühl, er ist eine innere Wahrheit, ein Kompass, der uns Richtung und Halt gibt.

Unser Selbstwert wächst, wenn wir uns selbst in der Tiefe anerkennen und schätzen. Aber wie stärken wir dieses innere Gefühl? Ein Weg liegt darin, bewusst auf unsere Erfolge zu schauen. Jede Aufgabe, die wir meistern, jedes Hindernis, das wir überwinden, ist ein Baustein für unseren Selbstwert. Doch Achtung: Es geht nicht darum, perfekt zu sein, sondern um die innere Haltung, dass wir es versuchen und aus allem lernen dürfen.

Selbstwirksamkeit: Absicht trifft Tat

Selbstwirksamkeit ist eng mit der Absicht verbunden. Es ist die Überzeugung, dass wir in der Lage sind, mit unseren Handlungen Einfluss auf unsere Umwelt zu nehmen. Sie beginnt mit einer klar formulierten Absicht, etwa: »Ich habe die glasklare Absicht, diese Aufgabe zu meistern.« Wenn wir diese Absicht in die Tat umsetzen und erfolgreich sind, erfahren wir Anerkennung – von außen und von uns selbst. Diese Anerkennung wirkt wie ein Treibstoff, der uns motiviert, weitere Herausforderungen anzugehen.

Ein Beispiel: Stell dir vor, du hast dir vorgenommen, einen Vortrag vor einer großen Gruppe zu halten. Deine Absicht ist klar formuliert. Du bereitest dich vor, übst und setzt es um. Der Applaus, die positiven Rückmeldungen, aber auch dein eigener Stolz darauf, dass du es geschafft hast, bestärken dein Gefühl von Selbstwirksamkeit. Es ist ein Kreislauf: Je öfter du dir zutraust, etwas zu schaffen, desto größer wird dein Vertrauen in deine Fähigkeiten.

Selbstvertrauen: Die magische Verbindung

Selbstvertrauen entsteht in der Schnittmenge von Selbstwert und Selbstwirksamkeit. Es ist das innere Wissen: »Ich kenne mich und meine Fähigkeiten. Ich weiß, dass ich eine Herausforderung meistern kann.« Selbstvertrauen entsteht also aus der Kombination von innerer Überzeugung und der Erfahrung, dass wir Dinge erfolgreich umsetzen können. Es ist die Basis, um Neues anzugehen, Risiken einzugehen und das Beste aus uns herauszuholen.

Doch Selbstvertrauen ist kein Zufallsprodukt. Es ist ein Muskel, den wir trainieren können. Wie? Indem wir uns immer wieder bewusst aus unserer Komfortzone herauswagen.

Die Komfortzone: Ein Ort der Begrenzung

Die Komfortzone ist unser sicherer Hafen, unser vertrauter Raum. Hier wissen wir, was passiert, und fühlen uns wohl. Doch hier findet kein Wachstum statt. Denn Wachstum entsteht nur, wenn wir den Mut haben, hinauszutreten – in die Unsicherheit, in das Unbekannte.

Ein weit verbreiteter Irrglaube ist, dass wir mit zunehmendem Alter automatisch mutiger und entschlossener werden. Tatsächlich ist das Gegenteil der Fall: Unsere Komfortzone wird im Laufe der Jahre oft enger. Die Routine des Lebens führt dazu, dass wir uns immer seltener ins Ungewisse wagen. Wir bleiben bei den vertrauten Urlaubszielen, essen das Gleiche und meiden Neues.

Doch genau hier liegt die Chance: Indem wir uns bewusst entscheiden, die Grenzen unserer Komfortzone zu verschieben, dehnen wir unseren Geist, unsere Fähigkeiten und unser Selbstvertrauen. Es ist nicht immer bequem, doch es lohnt sich.

Ja, außerhalb der Komfortzone ist es ungewiss. Es ist herausfordernd. Es gibt keine Garantien. Aber genau hier liegt das Leben in seiner ganzen Vielfalt.

Unsicherheit als Kribbeln: Spüre die Unsicherheit, aber interpretiere sie als Vorfreude, als Energie, die dich antreibt.

Fehler als Lernchancen: Jeder Fehler ist eine Gelegenheit, zu wachsen und dich weiterzuentwickeln.

Neues als Abenteuer: Interpretiere das Unbekannte nicht als Bedrohung, sondern als Chance, etwas Spannendes zu erleben.

Ich lade dich ein: Wage dich jeden Tag einen kleinen Schritt aus deiner Komfortzone. Probiere etwas Neues aus. Sag Ja zu einer Herausforderung, die dich nervös macht. Erlaube dir, mutig zu sein, auch wenn das Ergebnis ungewiss ist.

Ja, es wird Momente geben, in denen du dich verletzlich fühlst!

Ja, es wird Situationen geben, in denen du nicht weißt, wie es ausgeht!

Ja, es wird Fehler geben, die dir unangenehm sind!

1. Aber du wirst gewinnen – immer.
2. Du wirst lernen, wachsen und stärker werden.
3. Du wirst entdecken, was wirklich in dir steckt.

Jedes Mal, wenn du dich nicht traust, verpasst du eine Chance. Du verpasst das Leben mit all seinen Möglichkeiten. Aber wenn du mutig bist, wenn du dich traust, dann kannst du nur gewinnen.

1. Stelle dir vor, wie groß dein Leben sein könnte, wenn du deine Komfortzone immer wieder erweiterst.
2. Stelle dir vor, welche Erfolge möglich sind, wenn du die Absicht setzt, über dich hinauszuwachsen.
3. Stelle dir vor, welche Freiheit entsteht, wenn du dir selbst vertraust.

ABSICHT IST ALLES.
DER REST IST MUT ZUR UMSETZUNG.

Dein mentaler Umhang

Stelle dir vor, du trägst einen unsichtbaren Umhang. Dieser Umhang ist nicht einfach nur ein Stoffstück – er ist etwas ganz Besonderes. Er ist dein mentaler Umhang, der dich schützt, stärkt und strahlen lässt. Mit diesem Umhang kannst du der Mensch sein, der du tief im Inneren sein möchtest – selbstbewusst, fokussiert und bereit, Herausforderungen zu meistern. Doch wie jeder Umhang muss auch dieser erst geschaffen, angelegt und gepflegt werden, bevor er wie eine zweite Haut von dir ist und er zu einem natürlicher Teil von dir wird.

Am Anfang fühlt es sich vielleicht ungewohnt an, diesen Umhang bewusst »anzuziehen«. Du spürst ihn deutlich, vielleicht fühlt es sich auch schwer oder fremd an. Doch je öfter du ihn trägst, desto mehr wird er zu einem Teil von dir. Und irgendwann wird er sich so natürlich anfühlen, dass du gar nicht mehr darüber nachdenken musst – er wird eins mit deiner mentalen Stärke.

Was macht deinen mentalen Umhang aus?

Dein mentaler Umhang ist nicht einfach ein Schutzschild – er ist ein Symbol für deine innere Stärke und dein Potenzial. Manchmal erfordert es einen bewussten Schritt, um diese Stärke zu aktivieren. Dazu gehört, dich selbst zu fragen: Wie möchte ich wirken? Wie möchte ich gesehen werden?

Es beginnt mit einer Entscheidung. Du definierst, wer du sein willst, wie du dich in der Welt zeigen möchtest und was du erreichen willst. Dann handelst du so, als wärst du bereits diese Person. Indem du immer wieder bewusst in diese Rolle schlüpfst, wirst du eines Tages genau das sein, was du dir vorgenommen hast – deine authentischste, strahlendste Version.

Drei Wege, deinen mentalen Umhang in die Wirklichkeit zu bringen

Damit dein mentaler Umhang dir wirklich dient, brauchst du Werkzeuge, um ihn zu stärken und lebendig zu machen. Hier sind drei Schlüssel, die dir helfen, deinen Umhang zum Leuchten zu bringen:

Kenne dein Ziel und halte den Fokus

Dein Umhang hilft dir, klar und fokussiert zu bleiben – wie ein Kompass, der dich immer wieder auf dein Ziel ausrichtet. Doch dazu musst du dein Ziel zuerst klar definieren.

Wie möchtest du dich fühlen? Was möchtest du erreichen? Sobald du deine Richtung kennst, kann dein Umhang dich immer wieder auf Kurs bringen.

Natürlich wird es Ablenkungen geben, äußere Umstände, die dich aus der Bahn werfen wollen. Das ist normal. Entscheidend ist, dass du die Ablenkung wahrnimmst und bewusst zu deinem Fokus zurückkehrst. Dein Umhang erinnert dich daran, dass du die Kontrolle über deine Gedanken und deine Energie hast.

Verpflichtung und Beharrlichkeit

Ein mentaler Umhang fordert Selbstverpflichtung. Er erinnert dich daran, dass du Vorbild sein kannst – für andere und für dich selbst.

Es wird schwierige Tage geben, Momente, in denen es leichter wäre, aufzugeben. Doch genau hier zeigt sich die wahre Kraft deines Umhangs. Halte an deinen Zielen fest, auch wenn es herausfordernd wird. Gehe einen Schritt nach dem anderen.

Sorge dich nicht über das »Wie«. Oft finden sich Lösungen, wenn du einfach weitermachst und darauf vertraust, dass sich der Weg mit jedem Schritt entfaltet. Dein Umhang gibt dir die Beharrlichkeit und den Mut, an dich selbst zu glauben.

Wachse durch Herausforderungen

Ein strahlender Umhang braucht Wachstum – und Wachstum passiert immer außerhalb der Komfortzone. Herausforderungen sind keine Hindernisse, sondern Gelegenheiten, stärker zu werden.

Suche bewusst nach Gelegenheiten, die dich fordern. Jedes Mal, wenn du etwas Neues wagst oder dich einer schwierigen Situation stellst, stärkst du deinen Umhang. Er wird dadurch widerstandsfähiger, leuchtender und inspirierender.

Denke daran: Deine Komfortzone ist nur ein Ausgangspunkt. Jedes Mal, wenn du sie verlässt, wird sie ein Stück größer, und du wächst über dich hinaus.

Mit diesen drei Schritten – Fokus, Beharrlichkeit und Wachstum – wird dein mentaler Umhang zu einem wahren Meisterwerk. Er lässt dich strahlen, schützt dich vor Zweifeln und macht dich bereit, dich selbst und die Welt zu verändern.

Vielleicht klingt das jetzt groß und ein wenig ungewohnt. Doch genau darum geht es: Trau dich, es auszuprobieren! Lege dir diesen Umhang bewusst um. Spüre seine Kraft und lass dich von ihr tragen.

Mit jedem Tag wird dein Umhang natürlicher, bis er schließlich zu einem Teil von dir wird. Und dann, eines Tages, wirst du feststellen, dass du bereits die Heldin bist, die du dir immer gewünscht hast zu sein. Dein Umhang hat es möglich gemacht – oder besser gesagt: Du selbst hast es möglich gemacht.

Dein mentaler Umhang ist der Schlüssel zu deinem Erfolg. Zieh ihn an, trage ihn mit Stolz und mache die Welt zu einem besseren Ort – strahlend, stark und ganz du selbst.

Ausstieg aus der linearen Zeit

Jetzt wird es spooky! Aber keine Sorge, wir tauchen damit nur in meine absolute Lieblingsmethode der mentalen Arbeit ein. Sie ist wie ein Zauberstab im Werkzeugkoffer der Mentalstrategie – im Projektmanagement, aber natürlich auch in anderen Bereichen des Lebens. Was daran so besonders ist? Sie öffnet Türen zu Möglichkeiten, die uns vorher undenkbar erschienen. Dieser Denkansatz ist mutig, frech und hinterfragt etablierte Methoden – ein kleiner Rebell im Universum des Projektmanagements.

Was ist die Zeit überhaupt?

Bevor wir eintauchen, ein kleiner Exkurs. In Wikipedia steht: »Die Zeit beschreibt die Abfolge von Ereignissen, hat also eine eindeutige, nicht umkehrbare Richtung.« Diese Richtung ist in der Physik eng mit der Zunahme von Entropie, also der Unordnung, verbunden. Philosophisch gesehen kommt die Gegenwart aus der Vergangenheit und bewegt sich zur Zukunft hin. Und Einstein? Er revolutionierte unser Zeitverständnis, indem er sie mit dem Raum verband und so die vierte Dimension schuf.

Doch wer sagt, dass wir an diese lineare Vorstellung gebunden sind? Haben wir nicht gelernt, in einer geradlinigen Zeit zu denken, weil es uns so beigebracht wurde?

Lass uns gemeinsam die Ketten sprengen. Zeit ist vielleicht viel flexibler, als wir glauben. Was wäre, wenn Vergangenheit, Gegenwart und Zukunft nicht aufeinander folgen müssten, sondern gleichzeitig existieren? Klingt verrückt? Perfekt – dann sind wir auf dem richtigen Weg.

Ein Gedankenexperiment: Die Zukunft spüren

Stelle dir deinen morgigen Tag vor. Du sitzt vielleicht im Büro oder arbeitest remote. Du weißt, dass du ein Meeting mit einer Kollegin hast. Jetzt schließe die Augen.

Siehst du, wie sie den Raum betritt? Wie ihr euch begrüßt? Nimm die Details wahr: ihre Augenfarbe, ihren Gesichtsausdruck, den Klang ihrer Stimme. Stelle dir vor, wie ihr miteinander lacht, die Besprechung produktiv führt, Ergebnisse festhaltet – vielleicht mit bunten Stiften – und am Ende mit einem Lächeln auseinandergeht.

Fühle mal in diese Vorstellung hinein: Wie wäre es, wenn du die Wärme dieses Momentes jetzt schon spüren könntest? Wie fühlt es sich an, wenn die Zukunft schon ein wenig im Jetzt präsent ist?

Bei eurem Meeting am nächsten Tag wirst du feststellen, dass dein Gedankenexperiment erstaunlich nah an der Realität lag. Und wenn nicht? Dann hat es dir zumindest den Fokus gegeben. Genau hier liegt der Zauber: In der Klarheit, die du erschaffst, wenn du bewusst eine zukünftige Realität visualisierst.

Die Vergangenheit als Energiequelle

Nicht nur die Zukunft lässt sich ins Jetzt holen, auch die Vergangenheit ist greifbar. Hast du jemals einen Moment aus der Vergangenheit so intensiv nachgefühlt, dass er sich fast real anfühlte? Der Duft von frisch gemähtem Gras, das Lachen einer Freundin oder das Gefühl von Erfolg nach einem gelungenen Projektabschluss – all das können wir mit geschlossenen Augen in unser Jetzt bringen.

Das ist mehr als Nostalgie. Es ist Energiearbeit. In schwierigen Zeiten im Projektmanagement hole ich mir Kraft aus vergangenen Erfolgen. Ich sehe die leuchtenden Gesichter meines Teams, erinnere mich an das positive Feedback des Kunden und fühle die Euphorie des Abschlusses. Diese Gefühle tanken meine Energie auf und stärken meinen Fokus.

Das Jetzt als Anker - aber mit Blick nach vorn

Du fragst dich jetzt vielleicht: Sollten wir nicht achtsam im Moment leben? Absolut! Achtsamkeit ist essenziell, um uns zu erden und Klarheit zu schaffen. Doch genau aus dieser Klarheit heraus können wir für kurze Momente die Zukunft ins Jetzt holen.

Wenn wir bewusst und gezielt in die Zukunft schauen, geben wir unserer Vision Kraft. Wir lenken unser Bewusstsein, setzen Prioritäten und geben der Zukunft mehr Gestaltungsspielraum. Statt uns treiben zu lassen, geben wir der Richtung Halt. Das entspannt, weil wir das Gefühl von Kontrolle über unsere Zukunft gewinnen – oder zumindest über die Richtung, in die wir sie lenken möchten.

Ein Ausblick in die Zukunft

Wie lässt sich der Blick in die Zukunft in der Praxis umsetzen? Mit Visualisierungen und in Gesprächen.

In einem meiner letzten Projekte ging es um den Bau eines neuen Bürogebäudes. Der Rohbau war noch weit entfernt vom Ziel und es gab viele Hürden. Also habe ich regelmäßig die Augen geschlossen und mir vorgestellt, wie der fertige Bau aussehen würde. Ich sah Teppichböden, freundliche Beleuchtung und fröhliche Mitarbeiter und spürte die sanften Schritte auf dem Boden. Diese Vision habe ich bewusst in Gesprächen eingebracht – sei es im Meeting oder bei einer lockeren Kaffeepause.

Ohne es explizit zu thematisieren, habe ich meine Kollegen und Kolleginnen mit in diese Zukunft genommen. Ich sprach davon, wie es sein würde, wenn wir es geschafft hätten, wie wir gemeinsam durch die Räume laufen und den Erfolg genießen. Diese Art der subtilen Visualisierung stärkt den Teamgeist und motiviert zudem, schwierige Aufgaben zu bewältigen.

Der Ausstieg aus der linearen Zeit ist kein Widerspruch zur Achtsamkeit, sondern eine Erweiterung davon. Wenn wir die Vergangenheit, die Gegenwart und die Zukunft bewusst in unser Leben integrieren, öffnen sich neue Wege.

Indem wir die Zukunft spüren, können wir sie gestalten. Indem wir die Vergangenheit fühlen, können wir aus ihr schöpfen. Und indem wir im Jetzt leben, schaffen wir einen kraftvollen Anker, der uns trägt.

Die lineare Zeitvorstellung mag uns von der Physik und Philosophie vorgegeben sein – aber in unserem Geist sind wir frei. Warum nicht diese Freiheit nutzen, um unsere Projekte, unsere Ziele und unser Leben bewusster und mutiger zu gestalten?

Der Ausstieg aus der linearen Zeit –
er mag sich zunächst spooky anfühlen,
doch er ist ein Türöffner
zu ungeahnten Möglichkeiten.
Trau dich, hindurchzugehen!

Wir Menschen sind von Natur aus Bildermacher. Unser Geist liebt es, Szenen zu malen, Visionen zu erschaffen und sich in inneren Welten zu bewegen. Genau darin liegt unsere größte Stärke: Mit klaren inneren Bildern schaffen wir Absicht und Fokus. Und wo Absicht und Fokus sind, wächst unsere Selbstwirksamkeit – das Gefühl, aktiv gestalten und Einfluss nehmen zu können.

Diese innere Klarheit hilft uns nicht nur, unsere Ziele zu erreichen, sondern auch, bessere Prioritäten zu setzen. Indem wir die Bilder unserer Zukunft bewusst wählen, gestalten wir unser Handeln im Jetzt. So wird der Ausstieg aus der linearen Zeit nicht nur ein mentales Experiment, sondern ein Werkzeug, das uns dabei unterstützt, unsere Projekte und unser Leben kraftvoll und fokussiert zu navigieren.

Malen wir die Zukunft bunt, klar und voller Energie – dann wird sie uns mit genau dieser Kraft begegnen.

Erfrischung des Gehirns - Die Denkzentrale für deinen Projekterfolg

Im Projektmanagement dreht sich alles um die richtigen Entscheidungen, die richtigen Worte und die richtigen Momente. Kurz: Ohne ein leistungsfähiges Gehirn wäre jeder Projektplan nur ein hübsches Dokument ohne Wirkung. Unser Gehirn ist nicht nur die Schaltzentrale deines Körpers, sondern auch der Motor für kreatives Denken, strategisches Handeln und lösungsorientiertes Agieren – genau das, was im Projektalltag unverzichtbar ist. Doch wie hält man dieses Wunderwerk der Natur fit, wenn Deadlines drücken und To-do-Listen überquellen? Willkommen bei der »Erfrischung des Gehirns« – deinem Schlüssel zu geistiger Klarheit und Höchstleistung im Projektalltag.

Dein Gehirn im Projektmodus

Bevor wir uns den Erfrischungsmethoden widmen, werfen wir einen kurzen Blick darauf, was unser Gehirn im Projektalltag leistet: Es jongliert zwischen multitaskingfähigem Problemlöser und emotionalem Teamplayer, während es gleichzeitig strategische Entscheidungen trifft. Dabei steht es häufig unter Dauerbeschuss: unklare Anforderungen, parallele Meetings, Konflikte im Team oder unerwartete Risiken. Kurz gesagt: Unser Gehirn ist das Zentrum, in dem alles zusammenläuft.

Doch genau wie ein überhitzter Laptop-Prozessor droht auch unser Gehirn zu »überhitzen«, wenn es nicht regelmäßig erfrischt wird. Und das hat Folgen: mangelnde Konzentration, kreative Blockaden, impulsive Reaktionen – ein Albtraum für jedes Projekt.

Im Stressmodus übernimmt das limbische System die Führung – insbesondere die Amygdala, unser «Gefahrenmelder«. Sie sorgt dafür, dass wir blitzschnell reagieren können, leider oft auf Kosten des präfrontalen Cortex – dem Teil des Gehirns, der für kluge Entscheidungen, Überblick und Impulskontrolle zuständig ist. Unter Dauerstress fährt dieser »vernünftige« Teil quasi in den Energiesparmodus. Die Folge: Wir handeln kurzfristiger, reagieren emotionaler und verlieren die Fähigkeit, komplexe Zusammenhänge klar zu erfassen.

Chronischer Stress schwächt zudem unser Arbeitsgedächtnis, beeinträchtigt die Lernfähigkeit und kann langfristig sogar die neuronale Struktur verändern. Deshalb ist es essenziell, unser Gehirn nicht nur zu fordern, sondern auch gezielt zu entlasten und zu regenerieren – damit es dauerhaft leistungsfähig bleibt.

Die Grundlagen der Gehirnfrische im Projektalltag

Damit wir in stressigen Projektphasen klar und effektiv bleiben, benötigt unser Gehirn mindestens diese drei Dinge: Schlaf, die richtige Ernährung und Bewegung. Jedes dieser Elemente spielt eine entscheidende Rolle dabei, unsere kognitive Leistungsfähigkeit zu erhalten – und zu steigern.

1. Schlaf: Der nächtliche Reset für den Projekterfolg

Im Projektalltag wird Schlaf oft als verhandelbare Größe gesehen: »Nur noch dieses eine Risiko-Meeting vorbereiten, dann gehe ich ins Bett!« Doch hier liegt eine gefährliche Falle. Schlaf ist nicht nur Erholung, sondern auch ein nötiger Reset für dein Gehirn. Während du schläfst, sortiert dein Gehirn Informationen, verbindet neue Erkenntnisse und löscht unnötigen »Datenmüll«.

Es zeigt sich immer wieder: Menschen, die ausreichend schlafen, treffen präzisere Entscheidungen und sind kreativer bei Problemlösungen – genau die Fähigkeiten, die im Projektmanagement gefragt sind. Gönne deinem Gehirn also jede Nacht sieben bis acht Stunden Schlaf, auch (oder gerade!) in stressigen Phasen.

2. Ernährung: Dein Treibstoff für kluge Entscheidungen

In der Projektküche sollte ein Schild stehen: »Zuckerfreie Zone!« Warum? Zucker liefert zwar kurzfristig Energie, sorgt aber langfristig für ein regelrechtes »Brain Fog«, eine mentale Trägheit, die deine Denkfähigkeit blockiert. Stattdessen braucht dein Gehirn gesunde Fette (z.B. aus Avocados oder Walnüssen), um agil und flexibel zu bleiben.

Auch Kaffee und grüner Tee dürfen in der Projektpause nicht fehlen: Sie kurbeln nicht nur die Konzentration an, sondern enthalten auch wertvolle Antioxidantien, die die Gehirnzellen schützen.

Bonus-Tipp: Ein Stück dunkle Schokolade (ab 70 % Kakaoanteil) ist ein kleiner Belohnungsbooster für müde Menschen im Projekt. Die Betonung liegt hier auf einem Stück – eben in Maßen!

3. Bewegung: Sauerstoff tanken für fokussiertes Denken

Kennst du das Gefühl, wenn die Luft im Konferenzraum so dick ist, dass keiner mehr klar denken kann? Genau das passiert auch in unserem Gehirn, wenn du stundenlang am Schreibtisch sitzt.

Ein Spaziergang an der frischen Luft oder eine kurze Bewegungseinheit sorgen für einen Sauerstoffschub, der unsere Denkprozesse ankurbelt. Nutze die Übergänge zwischen Meetings für Bewegung – ob ein Gang durch das Büro oder ein kurzer Spaziergang um den Block. Du wirst erstaunt sein, wie viel fokussierter du dich danach wieder deinem Projektplan widmen kannst.

Tägliche Gehirn-Refresh-Rituale im Projektkontext

Projekte leben von Routinen, die Stabilität und Orientierung schaffen. Warum also nicht auch deinem Gehirn eine solche Routine gönnen? Hier sind einige »Refresh-Rituale«, die du ganz einfach in deinen Projektalltag integrieren kannst:

Der Morgenstart: Beginne deinen Tag mit einem kurzen Ritual am offenen Fenster – fünf Minuten (oder mindestens acht tiefe Atemzüge lang) strecken, tief durchatmen und in die Natur schauen, den Vögeln lauschen und den Tag begrüßen. Dieser morgendliche Start hilft dir, besser auf unerwartete Herausforderungen zu reagieren.

Micro-Pausen: In hektischen Projekten reicht manchmal schon eine Minute. Schließe die Augen, atme fünfmal tief ein und aus und versuche deine Muskeln zu entspannen – und spüre, wie der Stress weicht. Dein Gehirn wird es dir mit besserer Fokusfähigkeit danken.

Mittags-Powernap: Ein kurzes Nickerchen von zehn bis zwanzig Minuten ist nicht nur der Geheimtipp für Menschen im Projekt. Es gibt dir die Energie zurück, die du in der ersten Tageshälfte verbraucht hast – ideal, um bei Nachmittagsmeetings hellwach zu sein.

Erfrischende Meditation: Besonders in stressigen Phasen kann eine kurze Meditation Wunder wirken. Meine persönliche Lieblingsmeditation (die du im Downloadbereich findest) »Meditation für ein lebendiges Gehirn« dauert nur sieben Minuten und hilft dir, aus einem vollen wieder einen klaren Kopf zu machen.

Projektmanagement mit klarem Kopf

Projekte sind wie ein riesiges Puzzle – du brauchst einen klaren Blick, um die Teile zu finden, die zusammenpassen. Ein frisches, gut gepflegtes Gehirn ist dabei dein wichtigstes Werkzeug. Gönne dir also die Zeit, die es braucht, um dich mental zu regenerieren – mit Schlaf, der richtigen Ernährung und regelmäßigen Bewegungspausen. Ergänze dies durch kleine tägliche Erfrischungsrituale, und du wirst sehen, wie viel klarer, fokussierter und erfolgreicher du im Projektalltag agierst.

Denn am Ende gilt: Wer sein Gehirn pflegt, pflegt auch seine Projekte – und erreicht Ziele mit einer Leichtigkeit, die andere in Staunen versetzt. Teste es aus und starte deine Reise zu mehr geistiger Frische – für dich und dein Team!

Krone richten - Warum Scheitern erfolgreich macht

Scheitern - nur ein Konstrukt deines Kopfes

»Ich habe versagt.« Diese Worte hallen oft wie ein Echo durch den Kopf, wenn ein Projekt nicht wie geplant verläuft. Doch was wäre, wenn das Scheitern nur deine persönliche Interpretation einer Situation ist? Frage dich, ob du wirklich gescheitert bist? Oder war das, was du in diesem Moment getan hast, schlicht die beste Lösung, die dir zur Verfügung stand? Genau diese Perspektive verändert alles.

Im Projektmanagement begegnen wir immer wieder Herausforderungen und Rückschlägen. Doch anstatt diese als Fehlschläge zu werten, könnten wir sie als Wachstumschancen sehen. Es war eine Entscheidung, basierend auf dem, was ihr – du und dein Team – zu diesem Zeitpunkt wusstet. Und genau das zählt: die Intention und die Erkenntnis, die daraus entsteht.

Jeder Fehler birgt eine Inspiration. Hast du je bemerkt, wie viele bahnbrechende Entdeckungen durch »Fehler« entstanden sind? Der Klettverschluss, Post-it-Notizzettel oder sogar die Mikrowelle – alles Produkte von vermeintlichen Fehlschlägen. Halte also deine Augen offen! Gerade in einem Teamumfeld können Rückschläge zu kreativen Quantensprüngen führen, wenn wir lernen, sie als Möglichkeit zu betrachten.

Nutze den Moment des Scheiterns, um das Team zu animieren, neu zu denken: Welche Perspektive haben wir bisher übersehen? Welche kreative Lösung wartet darauf, entdeckt zu werden? Oft entstehen die besten Ideen, wenn die ursprüngliche Herangehensweise nicht funktioniert hat.

Scheitern zeigt, dass wir mutig genug waren, Risiken einzugehen. Natürlich kann das unangenehm sein, denn manchmal führt uns dieser Mut außerhalb unserer Komfortzone. Doch genau dort beginnt die Magie. Jedes »Lesson learned« erweitert unseren Erfahrungshorizont und macht uns stärker. Im Projektmanagement spricht man nicht umsonst von »agilen Methoden«, bei denen Iterationen und ständige Anpassungen zentral sind. Scheitern ist hier kein Rückschlag, sondern Teil des Prozesses.

RÜCKSCHLÄGE SIND KEIN KNOCK-OUT. SIE SIND EIN SIGNAL, INNEZUHALTEN, NEU ZU BEWERTEN UND GESTÄRKT WEITERZUMACHEN.

Wenn die Dinge nicht nach Plan laufen, ist es leicht, in eine Spirale aus Frustration und Groll zu geraten. Doch dieses Grollen bringt uns keinen Schritt weiter. Vielmehr kostet es Energie, die wir viel besser in die Lösung investieren könnten. Trainiere in solchen Momenten also besser deine innere Stärke:

Atme tief durch. Klingt simpel, ist aber hocheffektiv. Ein bewusster Atemzug bringt dich zurück ins Hier und Jetzt.

Reframe die Situation. Frage dich: »Was kann ich aus dieser Erfahrung lernen? Wie werde ich durch diese Herausforderung wachsen?«

Ändere deine Frequenz. Klingt nach Magie, ist aber reine Psychologie. Stelle dir vor, wie du die Energie des Grolls in Freude verwandelst. Vielleicht fragst du dich: »Freude? Nach einem Scheitern?« Ja! Freude darüber, dass du die Chance hast, etwas Neues zu erschaffen.

Neuer Blickwinkel

Eine Technik, die in deinem mentalen Werkzeugkasten nicht fehlen darf, ist das Reframing – die Kunst, eine Situation aus einem neuen Blickwinkel zu betrachten. Stelle dir vor, dein Projekt wird nicht rechtzeitig fertig. Anstatt in Schuldzuweisungen oder Selbstzweifeln zu versinken, könntest du die Perspektive wechseln und fragen: »Was hat dazu geführt? Was können wir daraus lernen, damit wir es beim nächsten Mal besser machen?« Eine weiterführende Methode, die ich gerne Ausstieg aus der linearen Zeit nenne, besteht darin, dich mental in die Zukunft zu beamen. Stelle dir vor, dein Problem hat sich bereits gelöst – visualisiere den Erfolg und spüre das positive Gefühl, das damit einhergeht. Diese mentale Reise schenkt dir neue Energie und Klarheit, um gestärkt weiterzumachen.

Ebenso entscheidend ist das bewusste Steuern deiner mentalen Energie – insbesondere in herausfordernden Momenten. Hier setzt die Technik der Emotionstransformation an, eine Methode, die auch von Google-Mitarbeitern genutzt wird. Mit dieser Methode findest du die innere Ruhe und den Fokus, um Herausforderungen nicht nur zu bewältigen, sondern in Chancen zu verwandeln.

Gefühl erkennen: Nimm deine Emotion wahr, z. B. Frustration oder Wut.

Gefühl annehmen: Akzeptiere, dass es okay ist, sich so zu fühlen.

Gefühl transformieren: Stelle dir vor, dass du diese Emotion wie eine Wolke einatmest und beim Ausatmen in positive Energie verwandelst – etwa in Motivation oder Freude.

Jetzt aber: Krone richten! - Ein Teamritual

Was im Einzelnen funktioniert, kann auch im Team wirken. Wenn dein Projektteam einen Rückschlag erleidet, mache ein bewusstes Ritual daraus: »Krone richten und weitermachen.« Es kann ein humorvoller Moment sein, in dem ihr symbolisch eure imaginären Kronen aufsetzt und euch daran erinnert, dass Rückschläge keine Definition eurer Fähigkeiten sind, sondern Teil der Reise. Dieses Ritual stärkt nicht nur die Resilienz des Teams, sondern fördert auch die Kultur der gemeinsamen Weiterentwicklung.

Also richte deine und eure Krone – und mache weiter! Setze die genannten Methoden ein, inspiriere dein Team und verwandle Hindernisse in Meilensteine.

Scheitern ist kein Feind, sondern ein Lehrer. Es zeigt uns unsere Grenzen, fordert uns heraus und gibt uns die Möglichkeit, über uns hinauszuwachsen. Indem du und dein Team lernen, Scheitern als Teil des Erfolgs zu akzeptieren, entwickelt ihr eine unschlagbare mentale Stärke.

DEIN PROJEKTERFOLG LIEGT DARIN, IMMER WIEDER AUFZUSTEHEN - UND DARAN ZU WACHSEN.

Die treibende Kraft für den Erfolg des gesamten Projekts

Selbstwert und Selbstvertrauen sind fundamentale Bausteine für den Erfolg im Projektmanagement. In einer Welt, die von Komplexität, Unsicherheiten und ständigem Wandel geprägt ist, entscheidet die innere Haltung jedes Einzelnen über den Projekterfolg. Dieses Kapitel unterstreicht die Bedeutung dieser inneren Überzeugungen als unverzichtbare Grundlage, um Projekte effektiv zu steuern, Herausforderungen zu meistern und Innovationen zu fördern.

Selbstwert, verstanden als die Überzeugung des eigenen Werts unabhängig von äußeren Umständen, verleiht Projektleitern und Teammitgliedern Stabilität und Gelassenheit – selbst in stressigen oder unsicheren Situationen. Ein gestärkter Selbstwert hilft, auch unter Druck klare Entscheidungen zu treffen und Konflikte souverän zu lösen. Selbstvertrauen wiederum basiert auf der Gewissheit, durch die eigenen Fähigkeiten und die Zusammenarbeit im Team selbst große Hindernisse bewältigen zu können. Diese Kombination aus innerer Sicherheit und Tatkraft ist essenziell, um auch in anspruchsvollen Projekten den Überblick zu behalten und ein Team erfolgreich zu führen.

Die Komfortzone zu verlassen ist in der Projektarbeit unvermeidlich. Projekte per Definition bringen das Team und die Führung in neue, unbekannte Bereiche. Hierin liegt nicht nur ein Risiko, sondern auch eine große Chance. Indem Projektleiter bewusst mit ihrem Team Schritte ins Unbekannte wagen, entstehen neue Lösungsansätze, wird kreatives Denken gefördert und das gesamte Team entwickelt sich weiter. Diese Bereitschaft, Unsicherheiten anzunehmen und als Lernmöglichkeit zu betrachten, ist ein entscheidender Wettbewerbsvorteil in der Projektarbeit. Fehler oder Rückschläge, die dabei auftreten können, sind keine Zeichen von Schwäche, sondern notwendige Bausteine auf dem Weg zu besseren Ergebnissen.

Der mentale Umhang, wie er in diesem Kapitel beschrieben wird, ist ein kraftvolles Symbol für die innere Stärke, die jede erfolgreiche Projektarbeit erfordert. Anfangs mag es ungewohnt sein, diesen bewusst zu tragen – zum Beispiel, indem man mutige Entscheidungen trifft, die auf klaren Zielen und tiefem Vertrauen in die eigenen Fähigkeiten basieren. Doch mit jedem weiteren Projekt und jedem gelösten Problem wird diese Haltung mehr zur Gewohnheit, bis sie zu einem natürlichen Teil der Persönlichkeit wird. Dieser innere Umhang stärkt nicht nur den Einzelnen, sondern inspiriert das gesamte Projektteam zu mehr Fokus, Resilienz und Zusammenarbeit.

Die mentale Stärke von Projektleitern hat eine direkte Auswirkung auf die Dynamik und den Erfolg des gesamten Teams. Ein Leader, der seinen Selbstwert kennt und selbstbewusst vorangeht, ermutigt auch andere, ihr Potenzial voll auszuschöpfen und gemeinsam Hindernisse zu überwinden. Der Fokus auf klare Absichten und der Mut, Herausforderungen aktiv anzunehmen, schafft eine Atmosphäre von Vertrauen und Zielorientierung. Diese Haltung überträgt sich auf das gesamte Projektumfeld und führt zu nachhaltig besseren Ergebnissen.

Das Fazit für die Projektwelt ist klar: Selbstwert und Selbstvertrauen sind keine rein persönlichen Themen, sondern zentrale Erfolgsfaktoren für jede Art von Projektarbeit. Wer sich dieser mentalen Ressourcen bewusst bedient, stärkt nicht nur sich selbst, sondern auch das gesamte Team. Die Fähigkeit, Absicht und Mut in die Projektarbeit zu integrieren, ist der Schlüssel zu einer neuen Dimension von Projekterfolg. Indem Projektleiter und Teams ihre Komfortzonen verlassen, Herausforderungen aktiv annehmen und klare Ziele fokussieren, setzen sie verborgene Potenziale frei und schaffen die Grundlage für außergewöhnliche Leistungen.

Im Downloadbereich des Buchs findest du den Fragebogen »Wir-Potenzial«. Lade ihn runter und erhalte wertvolle Impulse.

Die hier vorgestellten Methoden sind praktische Werkzeuge, die in jedem Projekt anwendbar sind. Von der bewussten Zielsetzung über die Transformation von Unsicherheiten bis hin zum gestärkten Umgang mit Rückschlägen: Sie helfen, Hindernisse zu überwinden, kreative Lösungen zu finden und das Teamgefühl zu fördern.

Der mentale Umhang macht dich
zur klaren, kraftvollen Führungs-
persönlichkeit - für dich selbst,
dein Team und den Erfolg des Projekts.

---

3. Von Bananen-strategie und Paralleluniversen

Von Bananen, Kompost und Prioritäten

Eines sonnigen Tages saß ich mit einer Kollegin beim Mittagessen. Zwischen Bissen und Gesprächen erzählte sie mir eine Geschichte, die perfekt das Dilemma vieler Projektleiterinnen illustriert:

Sie hatte am Wochenende zwei Kilo überreife Bananen im Angebot gekauft – eine perfekte Grundlage für Bananenkuchen, wie sie begeistert berichtete. Doch die Bananen mussten erst mal gelagert werden, denn im Frühling ruft der Garten. Der Kompost wollte umgesetzt, das Hochbeet vorbereitet und die Büsche geschnitten werden. Jede Aufgabe schien dringend, jede hatte Priorität.

Abends beim Kochen schauten sie die Bananen an. »Morgen ist der Kuchen dran!«, beschloss sie. Doch wie das Leben so spielt, kam etwas dazwischen: Ein Waldspaziergang mit einer Freundin, das Kräutersammeln – und wieder keine Zeit für den Kuchen. Die Tage vergingen, und jeden Abend waren die Bananen ein wenig brauner, aber immer noch »irgendwie okay«.

Eine Woche später war der Kuchen immer noch nicht gebacken, der Kompost war nicht umgesetzt, und die Bananen – einst voller Potenzial – fanden schließlich ihren Weg auf den Komposthaufen. »Anke«, fragte sie mich schließlich, »wie manage ich meine vielen

Projekte gut? Ich verzettle mich ständig! Da muss es doch einen Trick geben. Lass mich von dir lernen!«

Und als kleine Motivationshilfe gab ich ihr ein paar Fun-Facts über Bananen mit auf den Weg:

Bananen beschleunigen den Reifeprozess des Komposts.

Ihre Schalen sind hervorragender Dünger, da sie reich an Kalium und Phosphor sind, was Blütenbildung und Wurzelwachstum fördert.

Rosen danken klein geschnittene Bananenschalen im Boden mit extra Blüten.

Mein Fazit an diesem Tag war, dass das Hinzufügen der Bananen zum Kompost eine kluge Strategie sei. Denn manchmal ist es sinnvoll, Projekte, die keine Priorität mehr haben, bewusst zu begraben. Und so war die Idee der »Bananenstrategie« geboren.

Die Bananenstrategie bedeutet, genau hinzuschauen und zu erkennen, wann es sich lohnt, ein Thema, ein To-do oder ein Projekt loszulassen. Manchmal hat eine Aufgabe ihr Potenzial erschöpft oder ihre Ziele sind nicht mehr relevant. Statt weiterhin Zeit und Energie in sie zu investieren, sollte man sie auf den »Komposthaufen« legen, damit die frei gewordenen Ressourcen anderen vielversprechenden Aufgaben zugutekommen.

Doch wie erkennt man, was wirklich Priorität hat und was man getrost loslassen kann? Wie verhindert man, dass sich Projekte wie die überreifen Bananen in einer Liste ansammeln, nur um schließlich keinen Nutzen mehr zu bringen? Genau hier kommt die Kunst der Terminplanung ins Spiel.

Effektive Terminplanung bedeutet weit mehr, als nur Deadlines in einen Kalender einzutragen. Es geht darum, Zeit bewusst und sinnvoll zu managen, Aufgaben zu priorisieren und immer wieder kritisch zu hinterfragen, welche Themen vorangetrieben und welche »kompostiert« werden sollten.

Im Folgenden sehen wir uns an, wie du mithilfe mentaler Strategien und praxiserprobter Techniken neu über Terminplanung denken kannst, sodass Termine und Ziele dich und dein Team klar fokussieren, flexibel halten und gleichzeitig Raum für unerwartete Herausforderungen lassen. Dazu biete ich fünf Ansätze.

Bananenstrategie

Als Bananenstrategie bezeichne ich den bewussten Umgang mit Projekten, Teilprojekten oder Aufgaben, die keine Priorität mehr besitzen. Statt Ressourcen auf nebensächliche Projekte oder Aufgaben zu verschwenden, werden diese »beerdigt« – ähnlich wie Bananen, die den Kompost bereichern. So schaffen sie indirekt Wert, indem sie Platz und Energie für priorisierte Projekte freigeben. Diese Strategie hilft Teams, sich auf die wirklich wichtigen Ziele zu fokussieren.

Effektive Terminplanung beginnt im Kopf

Ich kann kaum noch zählen, wie oft ich in Projekte gerufen wurde, die bereits auf den ersten Blick ein Problem offenbarten: Der Terminplaner sitzt wie ein Einsiedler im Kämmerchen, abgeschottet vom Rest des Teams. Keiner weiß so recht, was er tut. Und der Terminplan selbst? Den kennt nur er. Vielleicht noch sein Bildschirm. Oder es gibt die andere Variante: Der Terminplan wird hobbymäßig von der Projektleiterin selbst gemacht – mit Vorliebe in PowerPoint. Und dann wird mir voller Begeisterung erzählt: »Mittlerweile gibt es doch so viele tolle Funktionen und Diagramme in PowerPoint!« In diesen Momenten merke ich oft, dass ich wie ein Auto gucke. Der Rest des Teams bemerkt meinen Ausdruck, was prompt dazu führt, dass mir die »Vorteile« von PowerPoint erklärt werden.

Wir reden hier nicht von kleinen Projekten, sondern von Vorhaben mit mehreren Millionen Euro Volumen. In solchen Momenten halte ich mich am Stuhl fest, um nicht rückwärts umzufallen. Ernsthaft!

Doch genau deswegen schreibe ich dieses Kapitel. Effektive Terminplanung ist kein »Nice-to-have« – sie ist die Lebensader eines erfolgreichen Projekts. Und sie beginnt, wie so vieles, im Kopf.

Selbst wenn ein professioneller Terminplaner im Projekt vorhanden ist – das beste Know-how nützt wenig, wenn das Werkzeug nicht passt. Ich habe schon alles gesehen: Excel-Tabellen, die vor lauter Makros fast explodieren. MS Project-Dateien mit gefühlt 10.000 Verknüpfungen, die sich beim ersten Aktualisieren in eine Kettenreaktion verwandeln. Oder PowerProject-Pläne, die auf den ersten Blick solide wirken – bis man genauer hinschaut und feststellt: Die Logik dahinter ist eher ein Kunstwerk als ein belastbarer Projektterminplan.

Verstehe mich nicht falsch: MS Project und PowerProject haben ihre Daseinsberechtigung. Sie sind weit verbreitet, sie können viel – aber sie haben eine Schwäche: Den Standard DCMA-14, quasi den TÜV für Terminpläne, muss man erst mühsam manuell durchführen. Das ist nicht nur aufwendig, sondern auch fehleranfällig.

Primavera P6 hingegen? Es bringt DCMA-14 direkt mit. Kein manuelles Prüfen, kein Hoffen und Bangen, ob der Plan einer professionellen Qualitätssicherung standhält – das System erkennt es sofort. Und genau das ist der Unterschied zwischen »Wir haben einen Terminplan« und »Wir haben einen Terminplan, der das Projekt sicher ins Ziel bringt«.

Wenn wir über Großprojekte sprechen – also über Bauprojekte, Infrastrukturvorhaben oder komplexe Industrieanlagen mit mindestens einer Million Budget –, dann geht es nicht nur darum, Termine zu verwalten. Es geht darum, Risiken zu minimieren, Ressourcen strategisch einzuplanen und Abhängigkeiten frühzeitig zu erkennen. Und das geht nur mit einer Software, die dafür gemacht ist.

Klar, man kann auch mit einer Haushaltsleiter auf einen Wolkenkratzer steigen. Aber ich würde doch lieber den Aufzug nehmen.

Und genau darum geht es: Ein professionelles Projekt verdient ein professionelles Tool.

Es ist deine Entscheidung, lieber Projektleiter!

Was ist DCMA-14?

DCMA-14 ist ein Prüfstandard der US-amerikanischen Verteidigungsbehörde (Defense Contract Management Agency), der die Qualität von Terminplänen bewertet. Er basiert auf 14 klar definierten Kriterien – darunter ausreichend Puffertätigkeiten, logische Verknüpfungen und realistische Dauerannahmen. Wer DCMA-14 erfüllt, hat nicht nur irgendeinen Plan – sondern einen, der fachlich belastbar ist, Risiken sichtbar macht und eine echte Steuerung des Projekts ermöglicht. In vielen Ausschreibungen gehört dieser Prüfstandard inzwischen zu den verpflichtenden Anforderungen.

Die fünf wichtigsten Kriterien im Überblick:

Ein guter Terminplan nach DCMA-14 ist vor allem eines: durchdacht. Erstens muss jede Aufgabe – mit Ausnahme von Start- und Endpunkten – logisch verknüpft sein. Zweitens dürfen Vorgänge keine unrealistisch kurzen Dauern haben, denn ein seriöser Plan kennt keine Magie. Drittens sollte der sogenannte kritische Pfad klar erkennbar sein – also der Weg, auf dem jede Verzögerung das Projektende direkt gefährdet. Viertens ist ausreichend Puffer notwendig, um Flexibilität bei Veränderungen zu sichern. Und fünftens gilt: keine übermäßige Verwendung von Einschränkungen, die die Dynamik des Plans blockieren. Denn ein starrer Plan ist kein guter Plan.

Diese fünf Kriterien sorgen dafür, dass aus einem bloßen Balkendiagramm ein belastbares Steuerungsinstrument wird – und genau darum geht es.

Werden diese Terminplankriterien nicht eingehalten, drohen Verzug, Kostenexplosionen und unerfüllte Leistungsversprechen. Doch wie sieht ein solider Terminplan aus? Im Folgenden findest du die Mindestanforderungen an eine effektive Terminplanung:

Projektstruktur als Basis
Eine vollumfängliche Projektstruktur ist das Fundament. Sie stellt alle Leistungspakete des Projekts dar – klar, strukturiert und übersichtlich. Wichtig: Die Projektstruktur ist keine Liste lose aneinandergereihter Aufgaben. Sie zeigt die Zusammenhänge, Hierarchien und Verantwortlichkeiten.

Verknüpfte Vorgänge
Der Terminplan ist durchgängig verknüpft: Jeder Vorgang hat einen Vorgänger und einen Nachfolger. Ausnahme: der Start- und der Endmeilenstein. Dies ist eine der wichtigsten Forderungen aus dem DCMA-14-Standard. Nur so kann der Terminplan seine Steuerfunktion erfüllen.

Transparenz und Aktualität
Ein guter Terminplan macht jederzeit sichtbar, welche Vorgänge gerade laufen, welche bereits abgeschlossen sind und was als Nächstes ansteht. Wichtig ist, dass der Plan regelmäßig gepflegt wird – nicht nur einmal im Quartal, denn dann ist es oft schon zu spät, wenn das Projekt ins Schlingern gerät. Und: Alle im Projektteam müssen jederzeit Zugriff haben. Ein Terminplan ist kein Geheimdokument, sondern ein zentrales Steuerungstool für alle Beteiligten.

Ein zentraler Plan für alle
Es gibt nur einen Terminplan. Punkt. Schattenpläne oder Hobby-Terminplanung in PowerPoint führen unweigerlich zu Chaos. Ein Plan in der Schublade bringt ebenso wenig. Ein zentrales Tool ist erforderlich, das die oben genannten Punkte zuverlässig abdeckt.

Ein effektiver Terminplan steht und fällt mit der Einstellung der Projektbeteiligten – allen voran der Projektleitung, denn die Terminplanung beginnt im Kopf. Diese benötigt:

Klare innere Haltung: Die Bereitschaft, Planung als zentrale Steuerungsfunktion zu verstehen.

Mentale Disziplin: Regelmäßige Pflege und Kontrolle des Plans, ohne sich von Optimismus oder Dringlichkeiten leiten zu lassen.

Positives Mindset: Flexibilität und Zuversicht, um auch auf Unvorhergesehenes angemessen reagieren zu können.

Ein Tipp aus der Praxis: Die Terminplanerin sollte möglichst nahe an der Projektleitung sitzen. Das bedeutet nicht, dass Änderungen »mal eben« zugerufen werden. Aber kurze Abstimmungen und schnelle Rückfragen verhindern, dass falsche Entscheidungen getroffen werden, die den gesamten Zeitplan sprengen könnten.

Eine effektive Terminplanung hängt nicht nur von den richtigen Tools und klaren Strukturen ab, sondern auch davon, wie eng die Zusammenarbeit im Team gestaltet ist – insbesondere zwischen der Projektleitung und der Terminplanung.

EIN EFFEKTIVER TERMINPLAN ENTSTEHT NICHT DURCH SOFTWARE ALLEIN - ER ENTSTEHT DURCH INNERE KLARHEIT, DISZIPLIN UND DIE HALTUNG DER PROJEKTLEITUNG. WER PLANT, ÜBERNIMMT FÜHRUNG. WER FÜHRT, BEGINNT BEI SICH SELBST.

In meinen Workshops erlebe ich es immer wieder: Viele Projektbeteiligte betrachten den Terminplan als notwendiges Übel, eine starre Tabelle, die nur den nächsten Meilenstein im Blick hat. Doch ein wirklich guter Terminplan ist mehr als eine Deadline-Sammlung – er ist das Navigationssystem des Projekts. Und genau das trainiere ich mit den Teams.

Wir üben, Terminpläne nicht nur zu lesen, sondern wirklich zu verstehen: Wo sind die kritischen Pfade? Welche Pufferzonen sind realistisch? Und vor allem – welche Warnsignale verraten uns schon früh, dass sich Verzögerungen anbahnen? Dabei geht es nicht nur um die Methodik, sondern auch um die mentale Einstellung zur Planung. Wer den Terminplan als lebendiges Steuerungsinstrument begreift, geht mit mehr Klarheit und Gelassenheit durch das Projekt, anstatt von Zeitdruck und Hektik überrollt zu werden.

Ein wichtiger Aha-Moment für viele Teilnehmende ist die Erkenntnis: Nicht der Plan macht den Projekterfolg – sondern das Denken, das dahintersteckt. Und genau hier setzen wir an, um Planung nicht als Belastung, sondern als Chance für Struktur, Fokus und Sicherheit zu erleben.

Fallstrick der Terminplanung

Neben den organisatorischen und technischen Anforderungen spielen psychologische Faktoren eine große Rolle. Zwei klassische Fallstricke:

Optimismusfalle:
»Ach, das schaffen wir schon! Das geht bestimmt schneller als geplant!« Diese Denkweise führt oft dazu, dass wichtige Puffer ignoriert werden – mit fatalen Folgen.

Planungsirrtümer:
Wir neigen dazu, die Dauer von Aufgaben systematisch zu unterschätzen. Es braucht klare Erfahrungswerte und realistische Annahmen, um diesem Irrtum entgegenzuwirken.

Diese und ähnliche Fallstricke können wir zusammenfassen als kognitive Verzerrungen. Diese sind Gefahren im Kopf und verleiten uns dazu, die Komplexität von Projekten zu unterschätzen oder Risiken auszublenden. Eine bewusste Auseinandersetzung mit diesen Denkfehlern und die Bereitschaft, Pläne an die Realität anzupassen, sind entscheidend für den Projekterfolg.

Projekte im Paralleluniversum - Wollen wir das?

Was passiert, wenn diese Mindestanforderungen ignoriert werden? Ganz einfach: Das Projekt driftet in ein Paralleluniversum ab. Schatten-Terminpläne oder unvollständige Pläne führen dazu, dass die Realität mit der Planung auf der Baustelle (oder eben des Projektorts) nichts mehr zu tun hat. Entscheidungen werden ohne Wissen über die Zeitkette getroffen und Verzögerungen sind vorprogrammiert.

Eine solide Terminplanung ist keine Spielerei, kein Hobby und auch nichts, das »mal eben nebenbei« gemacht werden kann. Sie ist die Grundlage für Projekterfolg. Es braucht klare Strukturen, verbindliche Tools und ein Team, das den Plan lebt und atmet.

Und vor allem: Terminplanung beginnt im Kopf. Sie muss gewollt, gepflegt und verteidigt werden – jeden Tag aufs Neue.

Fokus auf das Wesentliche - Ziele setzen

Der Fokus ist das mentale trojanische Pferd!

Stelle dir vor, du stehst mitten in einem dichten Urwald. Dein Ziel ist klar: Der Dinosaurier, ein mächtiges, überdimensionales Wesen, muss erlegt werden. Wochenlang hast du mit deinem Team Pläne geschmiedet. Ihr habt Fallen gebaut, euch mit Pfeil und Bogen geübt und jede mögliche Strategie durchdacht. Jetzt steht er da – direkt vor euch. Und dann passiert das Undenkbare: Eure Pfeile fliegen in alle Richtungen! Keiner trifft das Ziel. Der Dinosaurier stürmt auf euch zu und ihr werdet überrollt. Warum? Weil ihr euch nicht darauf fokussiert habt, gemeinsam das Ziel zu treffen. Klingt absurd? Genau das passiert in vielen Projekten – nur ohne Dinosaurier.

Unser Fokus ist unser mentales trojanisches Pferd. Sobald wir beginnen, konsequent über das zu sprechen, was wir wirklich erreichen wollen, richten wir unser Denken, Handeln und unsere Energie in die richtige Richtung. Ziele bieten Orientierung, treiben uns an und schaffen Klarheit – die Grundpfeiler eines erfolgreichen Projekts.

Warum sind Ziele so entscheidend für den Projekterfolg?

Ein Projekt ohne klare Ziele ist wie ein Schiff ohne Kompass. Es treibt orientierungslos umher, während das Team hofft, irgendwann den richtigen Hafen zu erreichen. Ziele hingegen sind unser Leitstern. Sie strukturieren, motivieren und bringen uns näher an den Erfolg. Konkret bieten Ziele:

Klarheit und Fokus: Sie definieren den Zweck und die Richtung des Projekts. Alle Beteiligten wissen genau, wohin die Reise gehen soll.

Motivation und Engagement: Wenn jeder versteht, wie seine Arbeit zum Gesamterfolg beiträgt, steigt das Engagement. Ein motiviertes Team arbeitet effizienter.

Messbarkeit des Erfolgs: Ziele erlauben uns, Fortschritte zu messen und den Erfolg des Projekts zu bewerten.

Bessere Kommunikation und Zusammenarbeit: Ziele schaffen ein gemeinsames Verständnis und fördern den Teamgeist.

Priorisierung: Ziele helfen uns, die wirklich wichtigen Aufgaben von den unwichtigen zu trennen.

Ziele sind SMART, ist doch klar. Und dann?

Die SMART-Methode ist im Projektmanagement fast schon ein Mantra: Ziele sollten spezifisch, messbar, attraktiv, realistisch und terminiert sein. Aber ehrlich, wie oft überprüfen wir tatsächlich, ob unsere Ziele all diese Kriterien erfüllen? Noch bedeutsamer ist zudem Folgendes: Kennst du die drei wichtigsten Ziele deines Projekts? Und kannst du sie so beschreiben, dass dein Team dieselbe Vision teilt?

Es reicht nicht aus, ein übergeordnetes Projektziel zu formulieren. Die wahren Treiber des Erfolgs sind die Zwischenziele und Meilensteine. Diese müssen genauso klar, SMART und kommuniziert sein. Ohne sie bleibt das große Ziel oft unerreichbar oder fühlt sich schlichtweg zu überwältigend an.

Projekte leben von Menschen – und Menschen arbeiten am besten, wenn sie emotional mit ihrem Ziel verbunden sind. Deshalb reicht es nicht aus, nur die großen Projektziele im Blick zu haben. Jedes Teammitglied sollte ein persönliches Ziel haben, von dem es begeistert ist. Eben von der Teamvision zur persönlichen Motivation!

Nimm zum Beispiel den Dokumentenmanager. Sein persönliches Ziel könnte sein, dass alle Projektdokumente übersichtlich, verschlagwortet und in wenigen Sekunden auffindbar sind. Die Risikomanagerin hingegen hat das Ziel, dass alle Risiken erkannt, bewertet und mitigiert werden. Solche persönlichen Ziele sind wie ein Weckruf am Morgen – sie motivieren und sorgen dafür, dass jeder mit Energie und Freude arbeitet.

Aber: Diese Einzelziele dürfen nicht isoliert betrachtet werden. Sie müssen sich wie Puzzleteile nahtlos in das große Projektziel einfügen und es unterstützen. Der Erfolg eines Projekts ist kein Zufallsprodukt, sondern das Ergebnis eines synchronisierten Zusammenspiels aller Beteiligten. Nur wenn die persönlichen Ziele auf das Gesamtziel einzahlen, entsteht echte Synergie. Der Dokumentenmanager arbeitet nicht nur effizient für sich, sondern sorgt dafür, dass Informationen schnell verfügbar sind – was das gesamte Team voranbringt. Die Risikomanagerin schützt nicht nur vor Problemen, sondern schafft Sicherheit, die das Projekt stabilisiert. Jedes Einzelziel stärkt das große Ganze – und das Team spürt die Kraft der gemeinsamen Ausrichtung.

Als Projektleiterin bist du die Hüterin der Vision. Es ist deine Aufgabe, das große Ziel immer wieder zu visualisieren und in kleinere, greifbare Schritte zu zerlegen. Doch es geht nicht nur um Logik – Emotionen sind der Schlüssel zum Gelingen. Ein starkes Bild, das Herzklopfen und Begeisterung weckt, wirkt Wunder. Male dein Team an die Wand des Erfolgs – im wahrsten Sinne des Wortes.

Hier könntest du zum Beispiel mit einer Metapher arbeiten: Der Dinosaurier, den wir erlegen wollen, steht symbolisch für das Projektziel. Ein gemeinsames Zielbild in Form eines kreativen Posters oder einer Präsentation kann das Team auf Kurs halten und inspirieren.

Fokussieren: Die richtige Priorisierung ist alles

Um in einem Projekt nicht nur pünktlich, sondern auch erfolgreich ans Ziel zu kommen, sind klare Prioritäten entscheidend. Drei bewährte Methoden können dabei helfen:

Die Eisenhower-Matrix: Hier wird nach Wichtigkeit und Dringlichkeit unterschieden. So kannst du Aufgaben klar priorisieren und unwichtige Dinge delegieren oder streichen.

Die Pareto-Analyse: Konzentriere dich auf die 20 % der Aufgaben, die 80 % des Erfolgs ausmachen.

Fokussierungsstrategien: Vermeide Multitasking! Es ist nachgewiesen, dass der Fokus auf eine Aufgabe wesentlich effizienter ist, als ständig zwischen Tätigkeiten zu wechseln.

Mit Fokus zum Ziel

Ziele sind der Dreh- und Angelpunkt eines jeden erfolgreichen Projekts. Sie sind nicht nur Orientierungspunkte, sondern auch die treibende Kraft, die uns durch komplexe und herausfordernde Projektlandschaften navigiert. Ohne Ziele fehlt es an Klarheit, Motivation und einer gemeinsamen Richtung – das Projekt verläuft im besten Fall im Chaos, im schlimmsten Fall scheitert es. Mit klar definierten Zielen, die sowohl das große Bild als auch die kleinen, greifbaren Schritte umfassen, schaffen wir eine solide Grundlage für den Erfolg.

Doch Ziele allein reichen nicht. Es braucht den richtigen Fokus, um diese Ziele konsequent zu verfolgen und nicht durch Ablenkungen vom Weg abzukommen. Der Fokus ist wie ein Leuchtturm in der Dunkelheit – er zeigt uns, wo wir hinmüssen, und hilft uns, trotz Hindernissen auf Kurs zu bleiben. Dabei ist es entscheidend, dass das Team nicht nur das Projektziel versteht, sondern auch, wie es mit seinen persönlichen Aufgaben dazu beiträgt. Nur wenn jeder weiß, wie sein Engagement das große Ganze stützt, entsteht echtes Alignment und damit die Grundlage für eine erfolgreiche Zusammenarbeit.

Der Schlüssel liegt darin, große Ziele in kleinere, erreichbare Meilensteine zu zerlegen, die klar priorisiert und systematisch angegangen werden. Methoden wie die Eisenhower-Matrix oder die Pareto-Analyse helfen dabei, sich auf das Wesentliche zu konzentrieren. Doch Priorisierung ist mehr als ein Prozess – sie ist eine Haltung, die Disziplin und Klarheit erfordert.

Als Projektleitung bist du gefordert, nicht nur Ziele zu definieren, sondern sie lebendig zu machen. Die emotionale Verbindung zu den Zielen ist der Motor, der das Team antreibt. Visualisierungen, motivierende Bilder und die Vermittlung des »Warum« hinter jedem Ziel sorgen für eine tiefere Bindung. Dein Team sollte nicht nur wissen, was es tun muss, sondern auch, warum die einzelnen Schritte wichtig sind und welchen Unterschied sie machen.

Und schließlich: Projekte sind dynamisch und Herausforderungen sind unvermeidbar. Ein Dinosaurier, der aus einer unerwarteten Richtung auftaucht, ist nichts anderes als ein neues Risiko oder ein unvorhergesehener Engpass. Mit einem starken Fokus, klar definierten Zielen und einem motivierten Team kannst du flexibel reagieren, ohne den Blick auf das große Ganze zu verlieren.

Indem du Ziele setzt, den Fokus bewahrst und dein Team emotional einbindest, stellst du sicher, dass ihr nicht nur das Projektziel erreicht, sondern auch gemeinsam an den Herausforderungen wachst. Denn das Ziel zu treffen, ist nicht nur der Erfolg des Projekts – es ist ein gemeinsamer Sieg, der euch als Team stärker und selbstbewusster macht.

Flow-Zonen schaffen - Die Balance zwischen Vorgaben und Flexibilität

Rigidität erstickt Kreativität und Chaos führt zu Stress. Diese These bildet den Kern meines Ansatzes, Terminplanung in Projekten als Balanceakt zu verstehen. Was zunächst nach einem unauflösbaren Widerspruch klingt, zeigt sich bei genauerer Betrachtung als machbarer Spagat – mithilfe von Struktur, Flexibilität und mentalen Techniken. Hier ein realistisches Beispiel aus einem Bauprojekt.

Das Bauprojekt: Ein Balanceakt in der Praxis

Ein Industriegebäude soll in einem städtischen Umfeld innerhalb von achtzehn Monaten Bauzeit entstehen. Der Mieter hat einen fixen Einzugstermin, da seine bisherigen Räumlichkeiten abgerissen werden. Zeitdruck liegt in der Luft. Nach acht Monaten kommt jedoch die Hiobsbotschaft: Das Material für die geplante Fassade wird nicht rechtzeitig geliefert. Vier Monate Verzögerung sind unausweichlich, sofern keine alternative Lösung gefunden wird. Und das bei empfindlichen Vertragsstrafen in einem Projekt mit einem dreistelligen Millionenbudget.

Jetzt tritt der Projektleiter in den Vordergrund. Seine Aufgabe: Den Termin zu halten und dennoch die strengen ästhetischen und funktionalen Anforderungen der lokalen Bauvorschriften zu erfüllen. Der erste Schritt? Ein Meeting mit dem Team.

Das Team wird in zwei Gruppen aufgeteilt. Eine Gruppe macht sich auf die Suche nach alternativen Materialien, die schneller lieferbar sind und dennoch die ästhetischen Vorgaben erfüllen. Die zweite Gruppe arbeitet an einem angepassten Bauablauf, um die Verzögerung in der Fassadenmontage zu kompensieren. Das Ergebnis: Eine alternative Fassade, die die Anforderungen erfüllt und rechtzeitig geliefert werden kann. Allerdings braucht es dazu die Zustimmung der Stadt. Der Kunde sowie die Stadt stimmen der Änderung zu. Die Herausforderung wird gemeistert.

Dieses Beispiel zeigt, dass Flexibilität, gepaart mit einem kreativen und lösungsorientierten Team, eine scheinbar ausweglose Situation in einen Erfolg verwandeln kann. Die Balance zwischen festen Vorgaben (Zeit und Budget) sowie Flexibilität (Lösungsfindung) ermöglicht eine klare Priorisierung.

Mentale Methoden für Teamflow und mehr Flexibilität

Damit Teams und Projektleiterin solche Balanceakte immer wieder erfolgreich bewältigen können, sind mentale Methoden ein unverzichtbares Werkzeug. Sie fördern kognitive Flexibilität, Resilienz und Kreativität.

Perspektivwechsel als Schlüssel zur Kreativität

Perspektivwechsel sind ein hervorragendes Mittel, um Denkblockaden zu lösen und neue Ideen zu generieren. Hier ein paar Übungen, die dein Team flexibel und kreativ machen:

- Wie würde ein anderes Team handeln?: Stelle die Herausforderung vor und lasse dein Team brainstormen, wie ein komplett anderes Team mit der Situation umgehen würde. Vielleicht das Marketingteam oder ein Tech-Start-up?
- Was wäre, wenn ... ?: Frage dein Team: »Was wäre, wenn wir komplett anders arbeiten müssten?« Oder: »Wie würden wir vorgehen, wenn wir zehn Jahre der Zeit voraus wären?« Absurde Szenarien können unerwartete Lösungen hervorbringen.

Erfolgsgeschichten als Ressource nutzen

In Krisenmomenten hilft der Blick auf vergangene Erfolge, die Kreativität und Motivation zu steigern. Eine bewährte Methode ist es Erfolgsgeschichten zu teilen: Jedes Teammitglied teilt reihum eine Situation, in der es eine Herausforderung erfolgreich gemeistert hat. Danach wird gemeinsam diskutiert, welche Elemente dieser Erfahrungen auf das aktuelle Projekt übertragen werden können. Dies fördert nicht nur die Kreativität, sondern auch den Teamzusammenhalt.

Methoden für dich als Projektleiter: Resilienz stärken

Flexibilität und Resilienz beginnen bei der Projektleitung. Mit diesen einfachen, aber effektiven Techniken kannst du dich stärken:

- **Dankbarkeitstagebuch**: Schreibe täglich drei Dinge auf, für die du dankbar bist. Gehe dabei bewusst in den Moment und fühle die positiven Emotionen. Diese Methode hilft, auch in schwierigen Zeiten den Fokus auf das Positive zu richten.
- **Kieselsteine in der Hosentasche**: Stecke dir morgens fünf Kieselsteine in die Hosentasche. Jedes Mal, wenn du ein positives Gespräch führst oder eine Situation meisterst, wechsle einen Kieselstein in die andere Tasche. Am Abend gehst du die Ereignisse bewusst durch und sammelst daraus Energie für den nächsten Tag.
- **Gedanken-Stopp mit innerem Signal:** Wenn du dich in Grübelschleifen oder negativen Gedankenspiralen verlierst (»Das schaffen wir nie ... «), setze bewusst ein inneres Stoppsignal. Sag dir selbst klar »Stopp!« – gerne auch lautlos mit einer Geste wie dem Schnippen mit den Fingern. Lenke deinen Fokus danach gezielt auf eine lösungsorientierte Frage: »Was ist jetzt mein nächster sinnvoller Schritt?« So übernimmst du wieder die Kontrolle über deine Gedankenwelt.
- **Mini-Reflexion am Tagesende:** Nimm dir abends zwei Minuten und beantworte drei Fragen schriftlich oder im Kopf: Was ist mir heute gut gelungen? Was hat mir Energie gegeben? Was nehme ich mir für morgen vor? Diese einfache Reflexion stärkt dein Selbstwirksamkeitserleben und hilft dir, mit mehr Klarheit und Zuversicht in den nächsten Tag zu gehen.

Synchronisation im Zeitmanagement

Wie schon eingangs geschrieben, ist eine effektive Terminplanung kein »Nice-to-have« – sie ist die Lebensader eines erfolgreichen Projekts. Ohne eine solide Grundlage in der Terminplanung kann es sein, dass Projekte in Verzug geraten, Ressourcen ineffizient eingesetzt werden und das Vertrauen der Stakeholder verloren geht. Doch die Terminplanung beginnt, wie so vieles, im Kopf – und muss dann aber unbedingt auch aus dem Kopf wieder heraus! Denn ein Terminplan ist nur so gut wie seine Kommunikation.

Vom Denken zum Handeln: Der Wert eines kommunizierten Terminplans

Ein Terminplan, der nur von wenigen verstanden oder gelesen werden kann, bleibt ein Papiertiger. Seine Essenz – die Antworten auf die kritischen Fragen des Projekts – kann so überhaupt nicht ausfließen. Ein guter Terminplan hingegen ist wie ein gut orchestriertes Musikstück, in dem jeder Akteur seinen Einsatz kennt. Er beantwortet täglich Fragen wie:

- Wie sind wir in der Zeit?
- Wie viel Verzug haben wir im Projekt?
- Welche Vorgänge liegen auf dem kritischen Pfad?
- Wie viel Puffer haben wir in diesem Vorgang?
- Können wir den Meilenstein noch halten?

Diese Fragen sollten jedoch nicht nur von der Projektleitung gestellt werden. Sie müssen auch von anderen Akteuren im Projekt – insbesondere dem Steering Committee (dem Lenkungsausschuss) und dem Management – aktiv gestellt werden. Erst wenn das Management selbst »in den Terminplan denken« kann, wird dieser zu einem zentralen Werkzeug der Steuerung und schafft die notwendige Transparenz im Projektgeschehen.

Kosten versus Zeit: Eine Frage der Priorität

Häufig konzentriert sich das Management auf die Steuerung des Projekts durch Zahlen. Kosten und Budgets sind griffig, plakativ und lassen sich leicht in Berichten darstellen. Doch bieten sie eine vollumfängliche Aussage über den Zustand des Projekts? Eindeutig nein. Denn was nützt uns die Einhaltung des Jahresbudgets, wenn das Projekt um 24 Monate in Verzug gerät? Zeit ist Geld – und zwar wortwörtlich.

Ein Beispiel verdeutlicht dies: Stelle dir vor, du baust ein Einkaufszentrum. Wenn das Zentrum zwei Jahre später fertig wird, gehen nicht nur Einnahmen verloren. Der Verzug birgt auch das Risiko, dass der Markt sich verschiebt, Trends verpasst werden oder die Ladenmieter woanders anmieten. Eine exakte Kommunikation über den Fortschritt kann hier den Unterschied zwischen Erfolg und Scheitern bedeuten.

Die Sprache des Terminplans: Das Management als Übersetzer

Ein guter Terminplan ist mehr als eine Sammlung von Meilensteinen und Aufgabenlisten. Er ist ein Kommunikationsmittel, das Projektbeteiligte und Management miteinander verbindet. Doch diese Verbindung funktioniert nur, wenn alle dieselbe Sprache sprechen.

Die große Herausforderung dabei ist: Zahlen sind schnell erfassbar und erfordern wenig Hintergrundwissen. Ein Terminplan hingegen verlangt ein tieferes Verständnis. Das Management muss lernen, den kritischen Pfad zu erkennen, Abweichungen zu interpretieren und die richtigen Fragen zu stellen. Dazu gehört beispielsweise:

- Wie beeinflusst ein verzögerter Vorgang andere Teile des Projekts?
- Welche Maßnahmen können ergriffen werden, um Zeitverluste aufzufangen?
- Wo besteht Handlungsspielraum und wo nicht?

Ein wirklich guter Terminplan ist kein reines Steuerungsinstrument, sondern eine gemeinsame Denkstruktur, die erst dann wirkt, wenn alle Beteiligten lernen, in der Sprache der Zeit zu denken.

Ein Terminplan ist weit mehr als ein Projekttool – er ist ein mentales Navigationssystem. Wenn alle Beteiligten im selben Plan »denken«, entsteht neuronale Kohärenz im Projekt: Klarheit, Fokus und gemeinsame Ausrichtung. Nur so wird aus dem Plan ein lebendiges Instrument – eines, das Entscheidungen erleichtert, Risiken sichtbar macht und kollektive Handlungsfähigkeit ermöglicht. Voraussetzung: Es gibt nur *einen* Plan – denn unser Gehirn braucht Eindeutigkeit, keine Parallelrealitäten.

Resilienz bei Planänderung

Ist die Planbarkeit eine reine Illusion? Das wollen wir hier untersuchen. Stellen wir uns vor, wir planen eine Gartenparty. Die Einladungen sind verschickt, das Menü steht und der Wetterbericht verspricht Sonnenschein. Doch am Tag der Veranstaltung zieht ein Gewitter auf und deine mühevoll erstellten Pläne drohen ins Wasser zu fallen – buchstäblich. Ähnlich verhält es sich in der Projektplanung: Egal wie sorgfältig und präzise man plant, das Leben bringt oft Überraschungen, die uns zum Umdenken zwingen.

Terminpläne scheitern meist nicht daran, dass sie schlecht durchdacht sind, sondern an der Tatsache, dass sie einer dynamischen Realität gegenüberstehen. Unerwartete Änderungen können frustrieren, doch sie sind unvermeidlich. Wie also gelingt es uns, mit Planänderungen gelassen und flexibel umzugehen? Die Antwort liegt in der mentalen Vorbereitung – in der Fähigkeit, Resilienz zu entwickeln und Veränderungen als Chance zu begreifen.

Pläne geben uns Sicherheit. Sie schaffen eine Struktur, die Orientierung bietet und ein Gefühl von Kontrolle vermittelt. Wenn diese Pläne jedoch durchkreuzt werden, empfinden viele Menschen Stress, Frustration oder sogar Hilflosigkeit. Warum? Das menschliche Gehirn liebt Vorhersehbarkeit, und Planänderungen aktivieren oft den »Alarmmodus« in uns, der für Angst oder Ablehnung sorgt.

Doch es gibt eine gute Nachricht: Diese Reaktionen sind keine Sackgasse, sondern eine Einladung, unseren

Umgang mit Unsicherheiten zu überdenken. Hier setzt mentale Resilienz an – die Fähigkeit, flexibel, ruhig und lösungsorientiert zu bleiben.

PLANÄNDERUNGEN SIND EINE EINLADUNG ÜBER DICH HINAUSZUWACHSEN. UNERWARTETE WEGE FÜHREN UNS MANCHMAL ZU DEN BESTEN ZIELEN.

Um Planänderungen nicht als Hindernis, sondern als Chance zu sehen, können wir gezielt mentale Techniken einsetzen. Drei besonders wirkungsvolle Methoden sind Szenariodenken, die Kunst des Loslassens und Reframing-Techniken.

SZENARIODENKEN: DIE MACHT DER VORBEREITUNG

Szenariodenken bedeutet, mögliche zukünftige Entwicklungen vorab gedanklich durchzuspielen. Statt sich nur auf den »idealen Plan« zu konzentrieren, entwickeln wir mehrere Alternativen.

Nehmen wir das Beispiel, dass wir den Launch eines Produkts planen. Was, wenn die Lieferkette stockt? Was, wenn ein Mitbewerber sein Produkt früher veröffentlicht? Was, wenn die Zielgruppe unerwartet zurückhaltend reagiert? Indem wir solche Szenarien durchspielen, schaffen wir mentale Flexibilität und entwickeln Notfallstrategien.

Die Übung dazu kann so erfolgen: Wir schreiben für jedes Projekt mindestens drei mögliche Szenarien auf – die optimistische, die realistische und die pessimistische Variante. Dann überlegen wir, wie wir in jedem Fall reagieren können. Dieses gedankliche Training sorgt dafür, dass wir im Ernstfall schneller und souveräner handeln können.

Die Kunst des Loslassens: Akzeptanz als Schlüssel

Oftmals liegt unser Stress bei Planänderungen darin, dass wir uns an den ursprünglichen Plan »klammern«. Loslassen bedeutet, sich von der Idee zu lösen, dass der erste Plan der einzig richtige ist.

Wird zum Beispiel ein Teammitglied krank und die Projektdeadline kann nicht eingehalten werden, sollten wir keine unnötige Zeit und Energie in Schuldzuweisungen oder das »Was wäre, wenn ... « investieren. Besser ist es, die neue Realität zu akzeptieren. So schaffen wir Raum für kreative Lösungsansätze.

Eine schöne Mentalübung ist diese: Übe das Loslassen mit einer einfachen Atemtechnik. Schließe die Augen, atme tief ein und stelle dir vor, wie du beim Ausatmen deine fixen Erwartungen loslassen kannst. Wiederhole dies mehrmals, bis du dich entspannter fühlst.

Reframing-Techniken: Das Glas halb voll sehen

Reframing bedeutet, eine Situation bewusst aus einer anderen Perspektive zu betrachten. Statt eine Planänderung als Problem zu sehen, versuche, darin eine Chance zu erkennen.

Stellen wir uns vor, ein Kunde fordert eine kurzfristige Änderung des Projektumfangs. Reframing könnte bedeuten, dass die Situation als Möglichkeit und Chance betrachtet wird, die eigene Anpassungsfähigkeit und Kreativität zu beweisen – und vielleicht sogar das Vertrauen des Kunden zu stärken.

Wie wäre es, nun drei positive Aspekte der neuen Situation aufzuschreiben. Vielleicht finden wir eine neue Fertigkeit, vielleicht entdecken wir verborgene Talente im Team oder vielleicht können wir durch die Änderung langfristig Zeit reinholen und Ressourcen sparen.

Zeit ist kein Gegner, sondern dein Partner

In den vorangegangenen Kapiteln zur Terminplanung haben wir uns intensiv mit den entscheidenden Faktoren beschäftigt, die dein Projekt vom Chaos zur Klarheit führen können. Dabei gibt es eine Reihe von Ansätzen, die nicht nur die Theorie beleuchten, sondern dich und dein Team unmittelbar in die Praxis begleiten. Und Terminplanung ist ein Ausdruck von Führungsstärke, Teamgeist und klarem Denken. Die beste Planung wird lebendig, wenn du sie mit deinem Team teilst, transparent machst und gemeinsam anpasst.

Zeit ist kein Gegner, den es zu besiegen gilt. Zeit ist deine Partnerin, wenn du sie strategisch nutzt, sie respektierst und deinem Team vermittelst, wie wichtig ein gemeinsames Verständnis von Terminen ist.

Also: Gute Terminplanung ist kein Hexenwerk, sondern eine Einladung, gemeinsam erfolgreich zu sein. Du brauchst weder hellseherische Fähigkeiten noch einen magischen Zauberstab – nur eine klare Struktur, den Mut zur Flexibilität und eine Prise Pragmatismus. Struktur gibt Orientierung, doch wahre Stärke liegt in der Balance: Dort, wo du flexibel bleibst, ohne das Ziel aus den Augen zu verlieren.

Denn Planung heißt nicht, sich an jedem Schritt festzuklammern – sondern zu wissen, wann man loslassen muss. Mit mentaler Klarheit, Szenario-Denken und der Bereitschaft zum Reframing bleibst du auch dann handlungsfähig, wenn Pläne sich ändern. Sieh Anpassungen nicht als Niederlage, sondern als Chance, gemeinsam zu wachsen. Wo Rigidität endet und Offenheit beginnt, entstehen Flow-Zonen – und oft führen gerade die ungeplanten Wege zu den besten Ergebnissen.

4. Ego raus, Stimmung rein: So rockt dein Team das Projekt

Unsere emotionale Atmosphäre entscheidet

Ein erfolgreiches Projekt beginnt mit einer klaren Vision, doch die emotionale Atmosphäre entscheidet darüber, ob diese Vision Wirklichkeit wird. Als Projektleiter bist du nicht nur der Planer, Koordinator und Problemlöser – du bist das Stimmungsbarometer des Teams. Deine Haltung, deine Energie und deine emotionale Kompetenz prägen den Projekterfolg mehr, als es auf den ersten Blick erscheinen mag.

Als Projektleiter bist du der Multiplikator für die Energie und Stimmung im Team.

Deine Aufgabe ist es, das Team zu stärken, Konflikte zu lösen und eine Atmosphäre der Offenheit und Wertschätzung zu schaffen. Mit den richtigen Methoden – und einer ehrlichen Reflexion

Ein erfolgreiches Projekt ist nicht nur das Ergebnis guter Planung, sondern auch das Produkt einer positiven emotionalen Atmosphäre. Als Projektleiter prägst du diese Stimmung maßgeblich – bewusst oder unbewusst. Deine Laune, Haltung und Energie wirken wie ein

Verstärker: Wenn du motiviert und zuversichtlich bist, fühlt sich das Team gestärkt. Bist du jedoch angespannt oder unzufrieden, spiegelt sich das ebenfalls wider. Sei dir also deiner eigenen Wirkung bewusst – du kannst nicht nur Projekte, sondern auch dein Team rocken.

Emotionen lenken, Projekte rocken

Ich erinnere mich gut an ein Projekt, das von Anfang an unter keinem guten Stern zu stehen schien. Die Deadlines waren knapp, die Anforderungen ständig im Wandel und das Team wirkte wie eine Ansammlung von Einzelkämpfern. Als Projektleiterin war ich gefordert, doch je mehr ich mich bemühte, desto mehr fühlte ich mich wie die Getriebene, nicht wie die Treiberin. Erst später erkannte ich, dass ich selbst der Schlüssel zu all dem war – nicht durch die Aufgaben, die ich verteilte, sondern durch die Energie, die ich ins Team brachte.

Ein Team spürt jede Nuance deiner Stimmung. An den Tagen, an denen ich erschöpft oder gereizt in ein Meeting ging, war die Atmosphäre spürbar schwer. Gespräche wurden stockend, Diskussionen endeten ohne Ergebnisse. Aber wenn ich motiviert und voller Zuversicht war, schien das wie ein Funke zu sein, der überspringt. Diese Erkenntnis hat mich gelehrt: Als Projektleiterin bin ich nicht nur die Planerin, sondern auch das emotionale Zentrum des Teams. Meine Haltung prägt die Zusammenarbeit, ob ich will oder nicht.

Mit der Zeit habe ich verstanden, wie wichtig es ist, Spannungen nicht zu ignorieren. Konflikte, die man zu lange unter den Teppich kehrt, werden zu Stolpersteinen. Einmal gab es eine Situation, in der zwei Teammitglieder offensichtlich aneinandergeraten waren. Wochenlang vermied ich das Thema, in der Hoffnung, es würde sich von allein lösen. Stattdessen eskalierte die Situation und zog das ganze Team mit. Heute zögere ich nicht mehr, Konflikte offen anzusprechen – respektvoll, aber bestimmt. Es geht nicht darum, sofort alle Probleme zu lösen, sondern darum, den Raum für ehrliche Gespräche zu schaffen.

Konflikte ignorieren macht sie nicht kleiner - echte Führung heißt, ihnen mit Klarheit und Respekt zu begegnen.

Auch die Bedeutung von Wertschätzung habe ich erst richtig begriffen, als ich einmal eine Mitarbeiterin schmerzlich vermisst habe. In einem früheren Projekt hatte ich ein Teammitglied, das unermüdlich arbeitete, oft bis spät in die Nacht. Ich nahm es als viel zu selbstverständlich hin, sprach mit ihr und bekam immer wieder die Antwort, dass sie es gerne mache und ihr es guttue. Bis sie eines Tages völlig demotiviert war und mit Burn-out ausstieg. Erst im Nachhinein wurde mir klar, dass ein einfaches »Danke« – ein ehrliches, von Herzen kommendes Wort – so viel hätte bewirken können. Und ich hätte mehr nachfragen müssen – ja, auch in die persönliche Ebene hinein. Denn nichts war bei ihr in Ordnung. Doch die Fassade nach außen war perfekt. Das habe ich alles erst viel später – viel zu spät – erkannt und verstanden. Seitdem habe ich es mir angewöhnt, auch die kleinen Dinge anzuerkennen und Erfolge bewusst zu feiern – und auf der persönlichen Ebene nachzufragen. Das hebt nicht nur die Stimmung, sondern schafft eine Kultur, in der sich jeder gesehen und geschätzt fühlt. Denn ist es nicht so, dass wir als Führungskraft das Teammitglied besser kennen sollten als jeder andere? Was treibt denjenigen an, was macht er oder sie gerne, was braucht derjenige? Es ist meine Verantwortung, die Bedürfnisse zu erkennen, oder eben nachzufragen, bis ich sie kenne, und dann entsprechend zu handeln. Das ist Führung!

Besonders in Meetings wurde mir klar, wie entscheidend mein Verhalten ist. Früher dachte ich, es ginge nur darum, Informationen zu teilen und Entscheidungen zu treffen. Aber ein Meeting ist so viel mehr – es ist der Ort, an dem das Team zusammenkommt, Probleme sichtbar werden und neue Ideen entstehen. Ich habe gelernt, wie wichtig eine freundliche Begrüßung ist, ein paar persönliche Worte oder ein kurzer Check-in, um zu hören, was die Teammitglieder wirklich beschäftigt. Und ich habe gelernt, dass ein klares Ende mit konkreten Verantwortlichkeiten die wichtigste Zeitersparnis ist – nichts lähmt ein Team mehr als Unklarheit.

Eine der härtesten Lektionen kam jedoch, als ich das erste Mal für mehrere Wochen aus einem Projekt aussteigen musste. Ich hatte geglaubt, alles perfekt delegiert zu haben, aber bei meiner Rückkehr fand ich ein Team vor, das verunsichert und planlos wirkte. Es war schmerzhaft, zu erkennen, dass ich nicht die Strukturen geschaffen hatte, die es gebraucht hätte, um ohne mich zu funktionieren. Seitdem arbeite ich bewusst daran, mein Team so zu stärken, dass es auch ohne meine ständige Präsenz sicher agieren kann. Und wenn ich zurückkomme, will ich hören, dass alles gut gelaufen ist – nicht, weil sie mich nicht gebraucht haben, sondern weil sie selbst stark genug waren.

Gerade deshalb empfehle ich, Teambuilding nicht dem Zufall zu überlassen, sondern gezielt und mit Freude anzugehen. Für genau diesen Zweck habe ich die Teambox entwickelt: ein durchdachtes Set aus erprobten Aufgaben und kreativen Impulsen. Es sind Teamaufgaben, die ohne externe Begleitung, aber mit garantiertem Team-Effekt gemacht werden können. Ob zur Projektvorbereitung, bei neuen Teamkonstellationen oder einfach als frischer Impuls im Alltag: Ein gutes Set an Teambuilding-Aufgaben hilft dem Team dabei, spielerisch zusammenzuwachsen, Vertrauen aufzubauen und die Kommunikation nachhaltig zu verbessern. Über die Jahre habe ich sie stetig weiterentwickelt – heute ist sie ein echter Begleiter auf dem Weg zu einem starken, eigenständig handelnden Team.

Es sind diese Erfahrungen, die mich gelehrt haben, dass Projekterfolg nicht nur von Zielen und Plänen abhängt, sondern von der emotionalen Dynamik im Team, eben den Menschen im Projekt. Und diese Dynamik beginnt bei mir!

Wir als Teamleiter, Projektleiterin, Chefin oder eben Führungskraft sind das Stimmungsbarometer des Teams!

Ego versus Team - Party oder Gift

Ich sitze im Projektmeeting, die Luft im Raum ist stickig, die Atmosphäre drückend. Der Projektleiter spricht. Und spricht. Über die einflussreichen Personen, die er getroffen hat. Über die beeindruckenden Zahlen, die er präsentiert hat. Über alles, was er angeblich bewegt hat. Was er nicht tut: uns nach unseren Ergebnissen fragen.

Ich merke, wie mein Blick langsam abschweift. Meine Gedanken driften weg, irgendwohin, wo es angenehmer ist. Aber mein Frust bleibt. Eine seltsame Spannung liegt in meinem Körper. Mein Bauchgefühl sagt mir: Hier stimmt etwas nicht. Und dann wird mir klar, warum. Es geht nicht um das Projekt, nicht um das Team. Es geht nur um ihn.

Was macht das mit mir – mit uns?

Während der Projektleiter seine Selbstinszenierung zelebriert, spüre ich, wie sich mein Engagement zurückzieht. Statt Stolz auf unser gemeinsames Vorankommen empfinde ich Frustration. Und diese Frustration hat auch eine biologische Basis. In meinem Gehirn bleibt der Ausschuss positiver Neurotransmitter wie Dopamin, Serotonin oder Oxytocin aus – all die Stoffe, die normalerweise bei Anerkennung, Teamarbeit und einem Gefühl der Zugehörigkeit freigesetzt werden. Stattdessen aktiviert mein Gehirn das Stresssystem: Cortisol-Spitzen entstehen. Mein Körper geht in den Modus »Flucht oder Kampf«, aber ich kann weder fliehen noch kämpfen. Ich sitze fest.

Nach dem Meeting murmeln wir im Team leise miteinander. »Hast du gemerkt, wie er uns ignoriert hat?« »Schon wieder kein Wort zu den Ergebnissen!« Dieses Flüstern ist wie ein heimlicher Protest, aber es bringt uns nirgendwo hin. Wir sprechen nicht mit ihm – nur über ihn – und das entspricht nicht meinem persönlichen Wertesystem. Die Situation im Team wird nicht besser, sie brodelt einfach vor sich hin. Doch man kann nicht immer alles reparieren, denke ich.

Ein paar Tage später stehe ich an der Kaffeemaschine und will einfach nur durchatmen. Aber da ist er wieder, der Projektleiter. Noch bevor ich einen Schluck Kaffee nehmen kann, überschüttet er mich mit Zahlen und Aufgaben: »Anke, das ist wichtig, nimm das in den Terminplan auf!« Mein Gehirn kann nicht mithalten. Zu viele Informationen, zu wenig Struktur. Kein Serotonin weit und breit. Mein präfrontaler Kortex – das Zentrum für klares Denken und Planung – ist überfordert. Ich nicke, aber mein Kopf schreit innerlich: »Wie soll ich das alles einordnen?« Zurück am Schreibtisch entscheide ich, nur die Hälfte seiner Anforderungen einzutragen. Und weißt du was? Es fällt ihm nicht einmal auf.

So schnell gebe ich jedoch nicht auf und gehe in den Eigenversuch, anders zu reagieren als sonst. Nicht immer nur nett zu sein und zuzuhören. Ich will einen neuen Ansatz ausprobieren, herausfinden, wie ich besser mit ihm umgehen kann.

Beim nächsten Treffen erzähle ich begeistert von meinem letztlich erfolgreichen Triathlon. Schnell, strukturiert, voller Energie. Während ich rede, merke ich, wie mein Gehirn tatsächlich Glückshormone ausschüttet – Dopamin, weil ich stolz bin, und Oxytocin, weil ich ein Gefühl der Verbindung herstellen will. Aber als ich fertig bin, ist da nichts. Keine Rückfrage, kein Lächeln. Stattdessen beginnt er sofort, von *seinem* Erlebnis zu erzählen, ausführlich, pompös. Mein Gefühl der Verbindung verpufft und zurück bleibt nur Frust.

Das war der Moment, in dem ich wusste: Ich muss hier raus. Ein Team, das nicht als Team behandelt wird, verliert an Kraft. Unser Potenzial blieb ungenutzt, unsere Konflikte ungelöst. Das Ego des Projektleiters war wie eine Wand, die uns voneinander trennte.

Hier meine neurowissenschaftliche Betrachtung:
Ein gutes Team zu sein bedeutet, in den »Flow« zu kommen – diesen Zustand, in dem alles leichtfällt und die besten Ergebnisse entstehen. Dabei spielt das Belohnungssystem unseres Gehirns eine Schlüsselrolle. Anerkennung, Zusammenarbeit und der gemeinsame Erfolg sorgen für einen Cocktail positiver Neurotransmitter: Dopamin für

Motivation, Oxytocin für Vertrauen, Endorphine für Freude. Doch in diesem Projekt? Fehlanzeige. Stattdessen gab es Cortisol, das Stresshormon, und eine innere Alarmbereitschaft.

Ich habe gelernt, dass ein Projektleiter entweder Party oder Gift sein kann. Party bedeutet: Er ist ein Dirigent, der das Beste aus jedem Teammitglied hervorholt und uns so zu Höchstleistungen antreibt. Gift hingegen lähmt, spaltet und lässt die Motivation versickern. Ich habe mich entschieden, nicht Teil dieser toxischen Umgebung zu bleiben.

Denn Projekterfolg entsteht nicht aus Ego, sondern aus der Kraft des Teams. Und wenn die Party nicht beginnt, ist es manchmal besser, den Raum zu verlassen.

Nun, das Kapitel könnte hier enden, doch ich wäre nicht ich, wenn ich nicht noch weitere »Versuche« unternommen hätte, mit dem Projektleiter als Team zu agieren. Hier meine weiteren Versuche und meine Folgerung daraus:

Ich sitze im nächsten Projektmeeting, der Projektleiter redet und es läuft wieder genauso wie immer: Er berichtet von seinen Kontakten, von Zahlen und Erfolgen – nicht ein einziges Mal schaut er ins Team. Ich spüre, wie mein Frust wieder aufsteigt. Trotzdem beschließe ich, einen weiteren Versuch zu wagen, die Dynamik zu verändern.

Ich nehme mir vor, es diesmal mit Anerkennung zu versuchen. Vielleicht öffnet ihn das für ein echtes Gespräch. Am Ende des Meetings sage ich: »Ich finde es beeindruckend, wie du es schaffst, diese Kontakte aufzubauen. Das ist wirklich etwas, das uns helfen kann, die Baustelle voranzubringen. Vielleicht können wir im Team daran anknüpfen?« Und diese Wertschätzung war nicht einfach so daher gesagt, sondern war durchaus ernst gemeint.

Er lächelt kurz, nickt – und das war's. Keine Reaktion, kein Austausch. Stattdessen springt er zum nächsten Thema und redet wieder über sich selbst. »Okay«, denke ich mir.

Ein paar Tage später treffe ich ihn an der Kaffeemaschine. Diesmal will ich es sachlich angehen und um Unterstützung bitten: »Ich arbeite gerade daran, den Zeitplan anzupassen. Könntest du mir die Prioritäten deiner Punkte nennen? Das würde mir für die Einordnung sehr helfen.« Er schaut mich kurz an, nickt und sagt: »Alles ist wichtig, Anke. Du kriegst das schon hin.« Und dann? Wechselt er das Thema und erzählt mir erneut von seiner letzten Baustellenbesichtigung. Ich merke, wie ich innerlich resigniere. Diese Ansätze führen nicht zum Ziel.

Ich nehme mir Zeit, über meine Versuche nachzudenken. Und ja, vielleicht ist diese Situation sogar mit ein Anlass, dieses Buch zu schreiben. Was hätte ich noch tun können? Ich realisiere: Manchmal reicht es nicht, sich selbst zu verändern oder den Zugang zu suchen. Manche Menschen sind so sehr in ihrer eigenen Welt gefangen, dass es kein Durchkommen gibt.

Was hätte ich noch ausprobieren können?

Ich hätte ihn in einem ruhigen Moment ansprechen können: »Ich merke, dass im Team Frust entsteht, weil wir das Gefühl haben, unsere Ergebnisse kommen nicht zur Geltung. Was können wir tun, damit das besser läuft?«

Ich hätte in einem gemeinsamen Gespräch über Teamrollen sprechen können, um mehr Struktur und Klarheit zu schaffen: »Lass uns die Rollen im Team noch mal durchgehen, damit jeder weiß, was gebraucht wird.«

Im Meeting hätte ich gezielte Fragen stellen können, um den Fokus zu verschieben: »Wie können wir im Team die Baustellenkontakte am besten nutzen?« »Was erwartest du konkret von uns, damit wir vorankommen?«.

Jeder Mensch ist anders, jede Situation erfordert einen individuellen Ansatz. Was würdest du tun, um die Verbindung zu einem schwierigen Projektleiter herzustellen? Probierst du es mit Wertschätzung? Mit klaren Fragen? Oder sogar mit einem offenen Feedback?

Manchmal führt nicht jeder Versuch zum Erfolg, aber jedes Handeln bringt uns einen Schritt weiter. Und wenn alle Stricke reißen, bleibt die wichtigste Entscheidung: Lass dich nicht vergiften. Bleib dir treu und finde den Weg, der für dich richtig ist – sei es im Projekt oder darüber hinaus. Denn Projekterfolg beginnt dort, wo Ego aufhört und Teamarbeit anfängt.

Positive Stimmung als Erfolgsgarant

Eine gute Stimmung im Team ist wie der frische Wind, der ein Segelboot antreibt. Ich erinnere mich an ein Projekt, bei dem genau das der Schlüssel zum Erfolg war. Die Zusammenarbeit lief schleppend, bis wir anfingen, gezielt an unserer Stimmung zu arbeiten. Auslöser war unsere Praktikantin – jung, frisch, dynamisch, Berliner Dialekt. Sie kam morgens mit offenen Armen ins Büro und rief fröhlich: »Hey, hey, heute wird ein guter Tag.« Ihr Berliner Dialekt in unserer Vorarlberger Firma wirkte damals etwas befremdlich – doch wir alle freuten uns, wenn sie morgens kam. Im Handumdrehen war gute Stimmung im Büro!

Vielleicht kennst du das auch: Wenn die Stimmung kippt, leidet alles andere mit. Aber die gute Nachricht ist, dass wir sie aktiv beeinflussen können. Stimmung ist ansteckend. Stelle dir vor, du betrittst einen Raum voller gut gelaunter Menschen – sofort hebt sich deine eigene Laune. Genau das kann in deinem Team passieren.

Unsere Praktikantin sprühte ohne Anlass Energie und gute Laune, die die gesamte Dynamik verändert hat. Doch auch das Gegenteil ist möglich: Schlechte Laune wirkt wie ein schwerer Schatten.

Du fragst dich, warum das so wichtig ist? Positive Stimmung hat unmittelbare Auswirkungen auf die Leistung, weil sie direkt auf die Abläufe in unserem Gehirn einwirkt. Positive Emotionen aktivieren das Belohnungssystem, insbesondere den Nucleus accumbens, der Dopamin ausschüttet. Dieses »Glückshormon« fördert nicht nur Motivation und Wohlbefinden, sondern steigert auch die Fähigkeit zur Problemlösung und Kreativität. Gleichzeitig wird die Ausschüttung von Stresshormonen wie Cortisol reduziert, was einen klaren Kopf und bessere Zusammenarbeit ermöglicht.

Ich erinnere mich an einen Moment, in dem die Stimmung in unserem Team auf einem Tiefpunkt war. Eine wichtige Deadline stand an, die Diskussionen wurden scharf und der Druck war spürbar. In dieser Situation beschlossen wir spontan, einen Schritt zurückzutreten und uns auf das Positive zu konzentrieren. Jeder von uns sollte einen Erfolg der letzten Woche nennen, egal wie klein er war. Diese kurze Runde veränderte alles. Plötzlich war da ein Lächeln, Schulterklopfen, und die Energie kehrte zurück. Was hier passierte, war mehr als nur ein Stimmungswechsel: Durch die Erinnerung an positive Erlebnisse wurden in unserem Gehirn neuronale Verknüpfungen gestärkt, die Optimismus und Zuversicht fördern. Was als einfache Idee begann, wurde zu einem unserer festen Rituale: der Dankbarkeitsrunde.

Manchmal reicht es, kleine Gewohnheiten einzuführen, um die Stimmung dauerhaft zu heben. Diese Routinen wirken wie eine neuronale »Auffrischungskur«, da sie den Hippocampus, der für das Gedächtnis zuständig ist, positiv stimulieren. Ich erlebe jedes Mal wieder, wie kraftvoll Energizer wirken können. So öffnet das Spiel namens »Zwei Wahrheiten und eine Lüge« vor einem Workshop die Teilnehmer und lässt sie gut eingestimmt in einen erfolgreichen Tag starten. Dabei erzählt jedes Teammitglied drei Dinge über sich, wovon eines nicht stimmt, und die anderen müssen erraten, welches die Lüge ist. Die Lacher und das Raten bringen sofort Leichtigkeit in den Raum und es entstehen neue Gesprächsthemen für die Kaffeepause. Wie spannend ist es, zu erfahren, dass jemand in der Gruppe von der Queen zum Sir ernannt wurde – und die Lebensgeschichte dahinter! Oder dass eine Kollegin im Winter gerne Eisbaden geht. Diese Geschichten schaffen Verbindungen und verstärken das Gefühl von Gemeinschaft, indem sie die Ausschüttung von Oxytocin, dem sogenannten »Bindungshormon«, fördern.

Auch Bewegungsübungen, wie ein kurzes gemeinsames Stretching – womöglich angeleitet von jemandem, von dem wir das nie erwartet hätten – helfen, Verspannungen zu lösen und den Kopf freizubekommen. Diese kleinen Körperbewegungen stimulieren den präfrontalen Kortex und verbessern die Durchblutung des Gehirns, was wiederum die Konzentrationsfähigkeit steigert. Es ist erstaunlich, wie solche einfachen Maßnahmen nicht nur das Energielevel anheben, sondern auch die neurologischen Grundlagen für produktive und kreative Arbeit schaffen.

Wiederkehrende Rituale geben Struktur und schaffen Vertrautheit. Freitags gemeinsam zum Mittagessen zu gehen oder kleine Erfolge zu feiern – solche Momente stärken den Teamgeist. Auch kann man den erfolgreichen Abschluss eines Projekts mit einer improvisierten Party feiern. Jeder bringt spontan etwas mit: Snacks, Musik, eine kurze Rede. Diese Momente bleiben mir bis heute im Gedächtnis, weil sie mir zeigen, wie wertvoll gemeinsame Ergebnisse sind ist.

Als Projektleiter oder Teammitglied tragen wir eine entscheidende Verantwortung für die Stimmung. Unsere eigene Haltung wirkt wie ein Verstärker. Wenn wir authentisch sind und Optimismus ausstrahlen, ohne die Herausforderungen zu verleugnen, wird unser Team davon profitieren. Emotionale Intelligenz hilft, die Dynamik zu spüren und bewusst zu lenken. Es geht nicht darum, immer fröhlich zu sein, sondern ehrlich mit Gefühlen umzugehen und Raum für Reflexion zu schaffen.

Eine positive Stimmung im Team entsteht nicht von allein – sie ist das Ergebnis bewusster Entscheidungen und kleiner, aber wirkungsvoller Schritte. Sobald wir beginnen, unsere eigene Energie und die des Teams gezielt zu steuern, werden wir sehen: Wenn die Stimmung stimmt, ist der Erfolg nicht weit.

Sind solche Rituale und Übungen im Team noch nicht etabliert, kann es anfangs zu Widerstand und skeptischen Kommentaren kommen. Doch sei dir sicher, dass gerade die leiseren Stimmen im Team positives Feedback dazu geben werden. Natürlich fühlt es sich zu Beginn ungewohnt an – auch für dich. Veränderung braucht Zeit, ebenso wie die Anpassungsprozesse im Gehirn. Grundsätzlich ist das Gehirn darauf ausgelegt, Energie zu sparen und in vertrauten Bahnen zu laufen. Neue neuronale Verknüpfungen zu bilden kostet anfangs Energie, aber auf lange Sicht sind es genau diese Verknüpfungen, die

Freude und Erfüllung bringen. Denn wenn das Gehirn durch positive Routinen stimuliert wird, schüttet es vermehrt Neurotransmitter wie Dopamin aus – und das fühlt sich schlichtweg gut an.

VERÄNDERUNG BRAUCHT ZEIT, ABER DIE BEWUSSTE STEUERUNG VON ENERGIE UND STIMMUNG IM TEAM FÜHRT ZU MEHR FREUDE, ERFÜLLUNG UND SCHLIEßLICH AUCH ZU PROJEKTERFOLGEN.

DARM UND HIRN - GEMEINSAM IM TEAM FÜR PROJEKTERFOLG

Unser Körper ist ein wahres Wunderwerk – und er liebt uns bedingungslos. Tag für Tag sorgt er dafür, dass wir leistungsfähig bleiben, selbst wenn Stress und ungesunde Gewohnheiten ihm alles abverlangen. Doch die wirklich gute Nachricht ist: Wir können diese Liebe erwidern und ihn unterstützen, damit er uns mit Energie, Fokus und guter Laune versorgt. Besonders im Team, wo viele Aufgaben und Herausforderungen auf uns warten, ist ein bewusster Umgang mit unserem Körper ein entscheidender Erfolgsfaktor.

Der Schlüssel liegt in der Verbindung zwischen Darm und Gehirn. Wissenschaftler haben längst bewiesen, dass unser Darm maßgeblich beeinflusst, wie wir uns fühlen. Die Mikroben in unserem Verdauungstrakt produzieren Stoffe wie Serotonin und Dopamin, die unsere Stimmung heben und uns helfen, motiviert und konzentriert zu bleiben. Das gilt nicht nur für den Einzelnen, sondern für das gesamte Team: Eine gute Stimmung ist ansteckend, genauso wie schlechte Laune. Wenn wir also gemeinsam auf unser Wohlbefinden achten, legen wir den Grundstein für eine produktive und stressresistente Zusammenarbeit.

Ein einfacher, aber effektiver Ansatz ist das, was wir essen – oder gemeinsam essen. Stelle dir vor, das Team entscheidet sich statt für die übliche Runde Süßigkeiten für eine Schale mit Walnüssen, Datteln und Trockenfrüchten. Diese Snacks sind nicht nur gesünder, sondern fördern auch das Denken, die Konzentration und die Stimmung. Walnüsse zum Beispiel enthalten Omega-3-Fettsäuren, die unser Gehirn stärken und uns stressresistenter machen. Trockenfrüchte liefern schnell verfügbare Energie, ohne den Blutzuckerspiegel aus der Balance zu bringen, und Ingwer oder Wasabi bringen durch ihre Schärfe den Kreislauf in Schwung – perfekt für den Energieschub bei langen Meetings.

Gemeinsames Essen oder Snacken schafft zudem einen sozialen Moment, der die Teamdynamik stärkt. Ob in der Kaffeeküche oder während einer kurzen Pause: Diese kleinen Rituale fördern den Austausch und helfen uns, den Kopf freizubekommen. Auch ein gemeinsames Mittagessen – vielleicht sogar mit selbst gemachten Gerichten – kann das Gemeinschaftsgefühl erheblich stärken. Warum nicht mal einen grünen Smoothie teilen oder ein leichtes Porridge mit frischem Obst genießen? Nicht als Hauptmahlzeit, sondern als Snack. Das zeigt, dass wir als Team nicht nur Arbeit teilen, sondern auch Freude und Achtsamkeit füreinander.

Neben der Ernährung spielt Bewegung eine wichtige Rolle für unser Wohlbefinden und damit für die Qualität unserer Zusammenarbeit. Gemeinsame Spaziergänge in der Mittagspause oder kleine Bewegungspausen während des Arbeitstags können Wunder wirken. Bewegung bringt frischen Sauerstoff ins Gehirn, regt die Durchblutung an und hilft dabei, Stress abzubauen. Und ja, manchmal reicht es schon, zusammen kurz durchs Büro zu tanzen, um die Stimmung zu heben und wieder konzentriert an die Arbeit zu gehen.

Auch der Umgang mit Stress lässt sich im Team besser bewältigen. Wenn wir gemeinsam Strategien entwickeln, die uns helfen, Ruhe und Fokus zu bewahren, profitiert jeder Einzelne – und damit das gesamte Projekt. Eine Idee könnte sein, regelmäßige Atemübungen in den Arbeitsalltag einzubauen. Stelle dir vor, das Team nimmt sich vor einem wichtigen

Meeting drei Minuten Zeit, um gemeinsam tief durchzuatmen: Arme in drei Schritten nach oben, den Atem kurz halten und dann alles loslassen. Diese Übung ist nicht nur einfach, sondern schafft auch eine spürbare Verbundenheit, die uns als Team stärkt.

Grüner Tee kann dabei ein echter Verbündeter sein. Seine beruhigende Wirkung durch L-Theanin hilft, den Geist zu klären, während das sanfte Koffein für einen fokussierten Energie-Boost sorgt. Doch grüner Tee kann noch mehr: Er fördert nicht nur die Konzentration, sondern hebt auch die Stimmung. Studien zeigen, dass die enthaltenen Polyphenole die Produktion von Dopamin und Serotonin im Gehirn anregen – die beiden Botenstoffe, die uns glücklich und ausgeglichen machen. Warum also nicht eine gemeinsame Teerunde im Team einführen? Sie könnte zu einem festen Ritual werden, um Stress zu reduzieren, kreative Ideen sprudeln zu lassen und gleichzeitig für eine positive Atmosphäre zu sorgen.

Diese kleinen Rituale sind mehr als nur eine nette Geste. Sie schaffen Raum für Austausch und stärken die Verbindung im Team. Ein warmes Getränk in der Hand und ein paar Minuten gemeinsames Durchatmen können Wunder wirken, wenn es darum geht, Stress abzubauen und die Zusammenarbeit zu fördern. Denn je besser die Stimmung im Team, desto leichter fallen uns auch schwierige Aufgaben.

Letztlich sind es die kleinen Dinge, die den Unterschied machen: Eine gesunde Snack-Auswahl, Bewegungspausen und bewusste Momente der Achtsamkeit helfen uns, als Team nicht nur leistungsfähiger zu sein, sondern auch motivierter und zufriedener. Wenn wir auf uns und unsere Mitmenschen achten, wird aus einem guten Team ein großartiges – voller Energie, Gelassenheit und Freude.

Was können wir heute gemeinsam tun, um unsere Stimmung und Energie zu steigern? Vielleicht starten wir mit einer Runde Walnüsse, einem Spaziergang im Regen – oder einer Tasse frisch gebrühtem grünem Tee, der uns inspiriert und glücklich macht. So schaffen wir gemeinsam eine starke Basis für den Erfolg des nächsten Projekts!

Kaffeepausen sind mehr als nur ein kurzer Moment der Entspannung – sie können wahre Energietankstellen für das Gehirn und das Team sein. Doch Hand aufs Herz: Wie oft nutzen wir sie, um einfach nur zu tratschen oder uns über den Stress des Tages zu beschweren? Dabei haben Kaffeepausen das Potenzial, zu einem echten Booster für Kreativität, Lösungen und die Stimmung im Team zu werden – ganz egal, ob du Kaffee trinkst oder, wie ich, Tee bevorzugst.

Eine »smarte« Kaffeepause beginnt mit einer bewussten Entscheidung: Was wollen wir mit dieser kurzen Auszeit erreichen? Vielleicht einen frischen Blick auf ein Problem gewinnen, uns gemeinsam auf eine anstehende Aufgabe einstimmen oder einfach kurz durchatmen und Energie tanken. Hier sind ein paar Ideen für kommunikative und lösungsorientierte Kaffeepausen, die wirklich etwas bewirken:

Blitz-Ideen-Runde: Jeder teilt spontan einen Gedanken oder eine Idee zu einer aktuellen Herausforderung. Keine Bewertung, keine Diskussion – nur sammeln! Oft entsteht so ein wertvoller Ansatz, den man später vertiefen kann.

Lob und Dank teilen: Nutze die Pause, um kurz darüber zu sprechen, was im Team gut läuft und wofür du dankbar bist. Diese positive Atmosphäre stärkt die Zusammenarbeit und die Motivation.

Mini-Workshops: Eine Person stellt in fünf Minuten eine interessante Technik, ein Tool oder eine inspirierende Idee vor, die das Team weiterbringen könnte.

Frischluft statt Small Talk: Warum nicht die Kaffeetasse schnappen und gemeinsam nach draußen gehen? Bewegung und frische Luft regen den Geist an und geben neuen Schwung für die nächsten Aufgaben.

Inspirationsfragen: Statt Belangloses zu besprechen, könnt ihr gezielte Fragen stellen wie: »Was war heute dein Highlight?« oder »Welchen kleinen Erfolg hatten wir diese Woche?«.

Natürlich darf in einer Kaffeepause der Genuss nicht zu kurz kommen – und hier ist das Beste: Sowohl Kaffee als auch grüner Tee können das Gehirn auf unterschiedliche Weise beflügeln.

Fun Facts über Kaffee und grünen Tee

Kaffee:

Kaffee enthält Koffein, das die Freisetzung von Dopamin anregt – einem Neurotransmitter, der die Stimmung hebt und uns wach macht.

Studien zeigen, dass eine moderate Menge Kaffee (etwa zwei bis vier Tassen pro Tag) die kognitive Leistung steigern und sogar das Risiko von neurodegenerativen Erkrankungen wie Alzheimer verringern kann.

Kaffee erhöht kurzfristig die Aufmerksamkeit und Reaktionszeit – perfekt für konzentrierte Teamarbeit nach der Pause!

Wusstest du, dass Kaffee ursprünglich als »Energie-Booster« für Ziegen entdeckt wurde? Hirten in Äthiopien bemerkten, dass ihre Ziegen nach dem Verzehr von Kaffeekirschen extrem lebhaft wurden.

Grüner Tee:

Grüner Tee enthält weniger Koffein als Kaffee, dafür aber L-Theanin. Diese Kombination beruhigt und fokussiert zugleich – ein sanfter Energie-Boost ohne Nervosität.

Der Tee fördert die Produktion von GABA, einem Neurotransmitter, der Stress reduziert und die Stimmung hebt. Perfekt für eine Pause, die den Geist klärt und motiviert zurück an die Arbeit führt.

Grüner Tee hat antioxidative Eigenschaften, die die Zellen schützen und uns länger fit halten. Ein wahrer Langzeit-Booster!

In Japan gibt es das Sprichwort: »Grüner Tee ist der Tropfen, der den Geist wäscht.« Was für eine schöne Metapher für Klarheit und Erneuerung.

Ob Kaffee oder Tee – beides kann uns helfen, unsere Stimmung zu heben, den Geist zu fokussieren und die Teamleistung zu steigern. Das Entscheidende ist, wie wir diese Pausen gestalten: mit einer klaren Absicht, einer Prise Achtsamkeit und einem Schuss Gemeinschaftsgefühl.

Also, wie wäre es mit einer kleinen Teestunde oder einer Kaffeepause mit Tiefgang beim nächsten Teammeeting? Denn wenn wir gemeinsam genießen und dabei Lösungen finden, kommen wir nicht nur weiter, sondern haben auch noch Spaß dabei!

Wirkung nach außen - Stimmung als Erfolgswelle

Ein gut gelauntes, harmonisches Team ist wie ein Magnet: Es zieht Kunden, Lieferanten und Stakeholder automatisch in seine positive Dynamik hinein. Stimmung ist ansteckend – und das gilt nicht nur intern, sondern auch nach außen. Wenn das Team mit Freude und Motivation arbeitet, ist das auch für die externen Partner spürbar. Sie erleben Verbindlichkeit, Engagement und eine konstruktive Zusammenarbeit, die wiederum Vertrauen schafft.

Doch das Gegenteil ist ebenso wahr: Ein gestresstes, zerstrittenes Team strahlt Unsicherheit aus, und das kann sich negativ auf den Projekterfolg auswirken. Ein Projektleiter, der bewusst auf die Stimmung seines Teams achtet, sorgt nicht nur für bessere interne Zusammenarbeit, sondern auch für einen positiven Außenauftritt. In diesem Kapitel betrachten wir, wie die emotionale Atmosphäre eines Teams den Projekterfolg über die eigenen Grenzen hinaus beeinflusst und warum sich Unternehmen mit einer gesunden Teamkultur langfristig besser am Markt behaupten.

Die Strategie für beste Stimmung - Projektleiter als Mindset-Architekten

Projekte sind keine Selbstläufer – sie sind ein emotionales Spielfeld. Wer denkt, dass Prozesse und Pläne allein den Erfolg bringen, vergisst den entscheidenden Faktor: die mentale Atmosphäre im Team. Das Projekt im Projekt wird vergessen: der Mensch!

EIN PROJEKTLEITER IST NICHT NUR PLANER UND ENTSCHEIDER, SONDERN AUCH MINDSET-ARCHITEKT.

Seine Aufgabe ist es, das Team in den Flow zu bringen, unnötige Reibungsverluste zu vermeiden und ein Klima zu schaffen, in dem Energie, Kreativität und Verantwortung wachsen können. Wer sein Ego zurückstellt und gezielt die emotionale Stimmung lenkt, erschafft ein Team, das nicht nur arbeitet, sondern rockt.

Denn seien wir ehrlich: Ein gestresstes Team kann noch so viele Status-Meetings haben – wenn die Energie im Keller ist, geht nichts voran. Doch ein motiviertes Team, das Spaß an der Zusammenarbeit hat, trägt den Erfolg fast schon von selbst nach außen. Und genau hier liegt die Magie: Gute Stimmung ist ansteckend – intern und extern!

Die Frage ist nicht, ob du die Stimmung deines Teams beeinflusst – sondern, ob du alle oder zumindest einige vorgestellte Tools umsetzt.

5. Die sieben häufigsten Fehler - und wie sie umgangen werden können

Niemand ist perfekt - und genau das ist das Problem

Großprojekte oder kleinere Projekte sind immer eine Herausforderung. Egal, wie erfahren wir sind, sie testen immer wieder unsere Grenzen. Ich habe in meiner Karriere so viele Projekte erlebt, die auf der Kippe standen – und oft war ich selbst mitten im Strudel der Probleme. Auch ich bin nicht perfekt. Ich kenne die Zweifel, die stressigen Nachtschichten, die Momente, in denen ich mich gefragt habe: »Wie sollen wir das noch retten?«

Es wäre schön, wenn wir immer genau wüssten, was zu tun ist. Doch oft stolpern wir über dieselben Fallen – und das nicht nur einmal. Die sieben häufigsten Fehler, die ich in diesem Kapitel beschreibe, sind nicht bloß Theorien. Es sind die typischen Probleme, die ich in unzähligen Projekten selbst erlebt habe. Manche davon habe ich rechtzeitig erkannt, andere erst, als die Auswirkungen nicht mehr zu übersehen waren.

Was mich dabei besonders beschäftigt hat, war, dass diese Fehler immer wieder passieren, in den unterschiedlichsten Projekten, Branchen und Teams. Und obwohl wir sie kennen könnten, tappen wir doch hinein – weil sie so schleichend auftreten, weil wir sie ausblenden oder weil wir hoffen, dass sich die Dinge von selbst regeln.

Aber genau hier liegt die Chance. Denn wenn wir wissen, wo die Stolpersteine liegen, können wir sie aus dem Weg räumen – oder sie wenigstens geschickter umkurven. Ich lade dich ein, einen ehrlichen Blick auf dein eigenes Projekt zu werfen. Vielleicht wirst du einige dieser Fehler erkennen. Vielleicht spürst du auch einen Widerstand in dir, weil du genau weißt, dass etwas anders laufen müsste, es aber schwer ist, den ersten Schritt zu tun.

Ich kann dir versprechen: Es gibt Wege aus diesen typischen Fehlerfallen. Ich behaupte nicht, dass es immer leicht ist – aber es ist möglich. Lass uns gemeinsam hinschauen und herausfinden, wie du dein Projekt auf Kurs halten kannst.

Fehler Nr. 1: Das Ziel ist unklar - oder zu komplex formuliert

Viele Großprojekte scheitern, weil das Ziel nicht klar definiert ist. Es gibt Hunderte Seiten voller Anforderungsdokumente, aber niemand kann in einem Satz sagen, worauf es am Ende wirklich ankommt. Ein diffuses Ziel führt zu diffusen Ergebnissen.

Lösung: Setze ein klares, einfach verständliches Ziel. Eine effektive Methode ist die »Future Vision«-Technik: Stelle dir vor, du sitzt am Ende des Projekts in der Abschlussbesprechung. Was genau wird gesagt? Welche Ergebnisse werden präsentiert? Wie fühlen sich die Beteiligten? Diese Visualisierung hilft, eine greifbare und motivierende Zielsetzung zu schaffen.

Höre dazu gerne meine begleitende Meditation »Sprich mit deiner Zukunft«. Du findest sie im Download-Bereich zum Buch. Infos dazu sind am Ende des Buches.

Mentale Methode zur Umsetzung: Schreibe dein Ziel auf eine einzige Seite. Reduziere es so lange, bis du es in einem einzigen Satz formulieren kannst. Lies diesen Satz jeden Morgen, um deinen Fokus zu schärfen.

In meinen Workshops mit Projektteams setze ich verschiedene Methoden ein, um die Future-Vision-Technik erlebbar zu machen. Dabei entsteht oft eine besondere Dynamik – das Team taucht in die Zukunft ein, entwickelt klare Bilder und spürt die Energie, die daraus entsteht.

Kehre ich nach einiger Zeit zurück, passiert immer wieder Folgendes: Noch bevor wir richtig starten, kommt – fast schon erwartungsvoll – die Frage: »Hast du eine neue Future-Vision-Technik für uns?« Diese Begeisterung zeigt mir, wie kraftvoll und motivierend die Methode wirkt. Sie gibt Teams nicht nur Orientierung, sondern macht Lust darauf, weiterzudenken, zu gestalten und gemeinsam die Zukunft zu rocken!

Fehler Nr. 2: Das Team arbeitet nebeneinander statt miteinander

Viele Teams sind in Silos organisiert. Jeder beschäftigt sich mit seinem Bereich, doch es gibt keine echte Zusammenarbeit. Dabei sind es nicht die Werkzeuge oder Prozesse, die Projekte erfolgreich machen – es sind die Menschen.

Lösung: Fördere eine Teamkultur, in der jeder weiß, dass sein Beitrag zählt.

Sorge mit einem durchdachten Set an Teambuilding-Aufgaben dafür, dass dein Team in jeder Phase zusammenwächst – spielerisch, effektiv und mit einem klaren Ziel: echtes Vertrauen und lebendige Zusammenarbeit.

Mentale Methode zur Umsetzung: Starte Meetings mit der »One-Word-Round«: Jeder sagt in einem Wort, wie er sich gerade fühlt. So entsteht ein Bewusstsein für den emotionalen Zustand des Teams – und echtes Miteinander. Oder eine kurze Runde zum Abschluss eines Meetings, in der jedes Teammitglied offen teilt, was es gerade braucht oder wofür es dankbar ist – für mehr Verbindung, Klarheit und gemeinsamen Fokus.

Fehler Nr. 3: Die Kommunikation berührt nicht

In Großprojekten wird unendlich viel kommuniziert – doch oft bleibt nichts hängen. Technische Daten, Deadlines und Anforderungen füllen die Meetings, doch das Herz des Teams wird nicht erreicht.

Lösung: Erzähle Geschichten. Menschen erinnern sich nicht an Excel-Tabellen, sie erinnern sich an Bilder, Emotionen und Anekdoten. Verbinde deine Botschaften mit lebendigen Erzählungen, die den Sinn des Projekts greifbar machen.

Mentale Methode zur Umsetzung: Entwickle eine Story für dein Projekt. Was ist die große Herausforderung? Wer sind die Helden? Was ist die Reise, die ihr gemeinsam bestreitet? Nutze diese Erzählung, um dein Team immer wieder zu inspirieren.

Fehler Nr. 4: Fehlende Transparenz in der Planung

Ich kann kaum zählen, wie oft ich in Projekte gerufen wurde, bei denen der Terminplan entweder in einem versteckten Excel-Dokument schlummerte oder als hübsche PowerPoint-Grafik existierte, die niemand ernst nahm.

Lösung: Terminplanung ist die Lebensader des Projekts – und muss für alle sichtbar und verständlich sein. Nutze transparente, realistische Planungstools, die dein Team aktiv mit einbeziehen.

Mentale Methode zur Umsetzung: Trainiere dein Team darauf, Zeit als Ressource zu sehen. Lass alle eine Woche lang notieren, wo tatsächlich Zeit verloren geht. Oft sind es die kleinen Ablenkungen, die große Verzögerungen verursachen.

Fehler Nr. 5: Jammern statt Verantwortung übernehmen

In Krisensituationen passiert es schnell: Das Team verfällt ins Jammern. Der Kunde ist schuld, die Subunternehmer arbeiten nicht richtig, die

Anforderungen ändern sich ständig. Doch Jammern löst nichts – es blockiert nur.

Lösung: Sei das Vorbild. Hör auf, dich über Dinge zu beklagen, die du nicht ändern kannst. Richte den Fokus auf das, was möglich ist.

Mentale Methode zur Umsetzung: Die 72-Stunden-Regel: Erlaube dir und deinem Team maximal drei Tage, um sich über ein Problem aufzuregen. Danach muss eine Lösung her. Diese simple Regel verändert die Denkweise radikal.

Fehler Nr. 6: Change Management wird ignoriert

Jedes Projekt bringt Veränderungen mit sich. Doch oft wird einfach erwartet, dass alle automatisch mitziehen. Die Realität sieht anders aus: Veränderung macht Angst.

Lösung: Schaffe eine Kultur der aktiven Veränderungsbereitschaft. Erkläre, warum die Veränderung passiert und welche Vorteile sie bringt.

Mentale Methode zur Umsetzung: Führe »Zukunftsbriefe« ein. Jeder schreibt einen Brief aus der Zukunft, in dem er formuliert, wie er sich fühlt, wenn die Veränderung bereits erfolgreich umgesetzt wurde. Diese Technik hilft, Blockaden aufzulösen, und ist eine mental starke und psychoaktive Methode. Siehe auch die Meditation »Sprich mit seiner Zukunft«.

Fehler Nr. 7: Führungsschwäche des Projektleiters

Ohne starke Führung geht jedes Großprojekt unter. Doch starke Führung bedeutet nicht, alles selbst zu machen – sondern Verantwortung zu übernehmen, Entscheidungen zu treffen und das Team zu inspirieren.

Lösung: Sei der Löwe in der Arena. Habe den Mut, immer wieder auf das Spielfeld zu gehen, auch wenn es schwierig wird. Stehe zu deinen Werten und triff klare Entscheidungen.

Mentale Methode zur Umsetzung: Die »5-Sekunden-Regel«: Wenn du eine Entscheidung vor dir herschiebst, zähle rückwärts von 5 auf 1 und handle dann sofort. So trainierst du deine Führungsstärke.

Fortschritt ist wichtiger als Perfektion

Wenn es eine Lektion gibt, die ich aus all meinen Projekten gelernt habe, dann diese: Es wird nie perfekt sein. Egal, wie sehr wir uns bemühen, es wird immer Herausforderungen, Unvorhergesehenes und Widerstände geben. Und das ist okay.

Die sieben häufigsten Fehler sind keine Checkliste, die du einmal abarbeitest und dann für immer sicher bist. Sie sind Stolpersteine, die immer wieder auftauchen – selbst in den besten Projekten. Auch ich ertappe mich noch manchmal dabei, in alte Muster zu verfallen. Aber darum geht es nicht. Es geht darum, schneller zu erkennen, was passiert – und bewusster zu reagieren.

Auch die Lösungsvorschläge sind nur eine Anregung. Zu jedem Fehler gibt es zig Lösungsmöglichkeiten. Wir dürfen und müssen nur mutig genug sein, Neues auszuprobieren. Ja, es kostet Überwindung, deinem Team eine neue »Nahrung« zu präsentieren. Doch du wirst schnell feststellen, dass es riesigen Spaß macht und dabei ganz von alleine neue und kreative Ideen dazukommen.

Vielleicht hast du beim Lesen gemerkt, dass du einen oder mehrere dieser Fehler aus eigener Erfahrung kennst. Vielleicht hat dich manches zum Nachdenken gebracht. Das ist gut. Denn das Wichtigste ist, dass du dranbleibst. Projekterfolg ist keine Frage von Perfektion – sondern von kontinuierlicher Verbesserung.

Meine Einladung an dich: Bleib offen für neue Wege. Sei mutig genug, Dinge auszuprobieren. Setze kleine Veränderungen um, die große Wirkung haben können. Und vor allem – erinnere dich immer daran, warum du dieses Projekt machst.

Denn am Ende sind es nicht die perfekten Pläne oder die schönsten Präsentationen, die ein Projekt erfolgreich machen. Es sind die Menschen, die sich mit Leidenschaft und Klarheit dafür einsetzen. Und wenn du es schaffst, diese Haltung in dein Team zu tragen, dann hast du bereits den wichtigsten Schritt getan.

6. Stolpersteine auf dem Weg zur powervollen Projektleiterin - ein Kapitel nur für Frauen?

Auch mir geht (ging) es so

Erfolg im Beruf sollte keine Frage des Geschlechts sein. Doch die Zahlen sprechen eine andere Sprache: Frauen verdienen in vielen Berufen weniger als gleichwertig ausgebildete Männer und ihre Karrieren stagnieren häufiger. Dabei liegt es nicht an den Fähigkeiten der Frauen, sondern an der Art, wie sie ihre Stärken einsetzen und kommunizieren. Warum also nicht bewusst gegensteuern?

In diesem Kapitel erfährst du, welche häufigen Fehler Powerfrauen – und auch viele Männer – davon abhalten, ihr volles Potenzial in Projekten und im Berufsleben zu entfalten. Es lädt dich ein, die Stolpersteine auf deinem Weg zu erkennen, sie gezielt aus dem Weg zu räumen und deinen Erfolg aktiv zu gestalten. Dabei bietet es Frauen wertvolle Impulse, ihre Stärke zu entfalten, und gibt Männern spannende Einblicke in diese Dynamiken – Inspiration für alle, die im Projektmanagement brillieren wollen.

Übrigens habe ich diese Stolpersteine irgendwann einmal – es ist schon wirklich länger her – für mich selbst aufgeschrieben – als kleine Erinnerung, um nicht in diese Fallen zu tappen. Und ich muss sagen, das hat mir unglaublich geholfen. Immer wieder habe ich mir diese Liste angesehen, um bewusst gegenzusteuern, bevor ich stolpere. Genau deshalb wollte ich sie auch in dieses Buch aufnehmen. Denn wo könnte man sie besser festhalten als hier, schwarz auf weiß, jederzeit griffbereit?

Hier schreibe ich sehr offen und ehrlich, wie wir die Stolpersteine überwinden und zur besten Version unserer selbst werden können. Prädikat: Lesenswert!

Keine klare Kernbotschaft

Deine Kernbotschaft ist wie ein unsichtbares, aber kraftvolles Parfüm: Sie hinterlässt Spuren, die die Menschen mit dir und deinem Wirken verbinden. Doch warum gelingt es so vielen Frauen nicht, dieses Parfüm zu entwickeln und gezielt einzusetzen? Oft liegt es daran, dass sie sich hinter langen Listen von Qualifikationen verstecken, die Errungenschaften anderer hervorheben oder versuchen, durch Nettigkeit zu punkten. Der Effekt? Ihre eigene Identität verblasst im Hintergrund.

Stell dir vor, du bist Projektleiterin und stehst vor deinem Team, bereit, die Richtung vorzugeben. Statt mit einer klaren Vision aufzutreten, beginnst du, über die allgemeinen Erfolge der Firma zu sprechen. Oder du lässt die lauteren Stimmen den Raum dominieren.

Und was bleibt deinem Team von dir im Gedächtnis? Leider wenig bis gar nichts.

Ein Beispiel, das zeigt, wie es besser geht: Erinnerst du dich an große Marken wie Nike? Ihr Slogan »Just do it« ist mehr als ein Spruch – es ist ein Statement, das sofort eine Haltung vermittelt. Stelle dir vor, du hättest etwas Ähnliches für dich. Nicht als Werbeslogan, sondern als persönliche Leitlinie. Etwas, das dich in jeder Entscheidung und in jedem Gespräch lenkt.

Die Kernbotschaft ist nicht nur für Marketingabteilungen reserviert, sondern eine essenzielle Strategie für deinen Erfolg. Sie ist dein Kompass in einem oft unübersichtlichen beruflichen Umfeld. Sie gibt dir Sicherheit, Entscheidungen zu treffen, und Klarheit in der Kommunikation mit deinem Team, deinen Vorgesetzten und deinen Kunden.

Was bedeutet das konkret? Beginne damit, dich zu fragen: Was treibt dich an? Wofür möchtest du stehen?

Es muss nichts Hochtrabendes sein, sondern etwas, das dich authentisch repräsentiert. Zum Beispiel: »Ich stehe für kluge Lösungen, die auch in stressigen Projektsituationen nachhaltig wirken.« Oder: »Ich setze auf Zusammenarbeit, bei der jeder seine Stärken einbringen kann.«

Hast du deine Botschaft erst einmal formuliert, ist der nächste Schritt, sie zu leben. In Meetings, bei Präsentationen oder in der alltäglichen Kommunikation sollte deine Haltung spürbar werden. Das bedeutet nicht, dass du sie ständig verbal wiederholen musst. Deine Entscheidungen, dein Auftreten und deine Körpersprache transportieren sie für dich. Wenn dein Team weiß, dass du für pragmatische Lösungen stehst, wird es dir vertrauen, gerade in schwierigen Situationen.

Wenn du deine Botschaft konsequent verkörperst, wirst du merken, wie sich dein Umfeld verändert. Plötzlich nehmen die Menschen dich mit einer ganz neuen Klarheit wahr. Dein Team wird sich von dir leiten lassen, deine Vorgesetzten werden erkennen, was dich ausmacht, und deine Kunden werden die Zusammenarbeit mit dir schätzen.

Am Ende ist deine Kernbotschaft nicht nur ein Vorteil für dein Projekt, sondern für dich selbst. Sie gibt dir Orientierung, Identität und ein starkes Fundament für deinen Erfolg – ein bisschen wie ein maßgeschneiderter Duft, der dich bei jedem Schritt begleitet.

DEINE KERNBOTSCHAFT IST WIE EIN INNERES NAVI. SIE ZEIGT DIR DEN WEG DURCH PROJEKTCHAOS UND ALLTAG - UND MACHT DICH FÜR ANDERE KLAR ERKENNBAR.

Hier verrate ich dir meinen ganz persönlichen Powersatz: »Ich finde immer eine Lösung.« Im Team wird daraus selbstverständlich: »Wir finden immer eine Lösung.« Und weißt du was? Ich habe diesen Satz so tief in mir verankert, dass er regelrecht aus mir heraussprudelt – nicht nur in Worten, sondern in meiner gesamten Ausstrahlung.

Wenn ich in Meetings sitze, sei es mit Kunden, Lieferanten oder dem Vorstand, lasse ich diesen Satz immer wieder einfließen. Manchmal formuliere ich ihn direkt, manchmal fasse ich die Ergebnisse mit etwas wie »Heute haben wir wirklich großartige Lösungen erarbeitet« zusammen. Der Effekt? Ich merke, wie der Raum auf diese Zuversicht reagiert. Die Menschen fühlen sich inspiriert und ich spüre deutlich: Ich habe einen Unterschied gemacht.

Das Beste daran: Diese Rückmeldung stärkt mich jedes Mal aufs Neue. Ich werde mir meiner Wirkung bewusst – meiner Selbstwirksamkeit. Und dieses Bewusstsein gibt mir Energie, die ich in die nächste Herausforderung mitnehme. Es entsteht ein positiver Kreislauf, der mich antreibt und der einfach Spaß macht.

Jetzt bist du dran: Was ist deine Kernbotschaft? Was ist das Motto, das dich trägt und das dich und dein Team immer wieder inspiriert? Finde deinen persönlichen Satz – einen, der deine Energie bündelt und nach außen strahlen lässt. Du wirst überrascht sein, wie kraftvoll und beflügelnd das sein kann!

Zu viel innere Unsicherheit

Fachlich bist du auf höchstem Niveau, doch manchmal nagt ein kleiner Zweifel an dir – dieser leise, aber hartnäckige Begleiter namens Unsicherheit. Vielleicht kennst du das: Du stehst vor deinem Team oder in einem Meeting und weißt genau, dass du fachlich brillierst. Aber trotzdem hörst du plötzlich deine Stimme ein wenig zu hoch, bemerkst, dass deine Schultern eingefallen sind oder dass deine Hände nervös einen Stift drehen. Das Publikum? Es spürt diese feinen Signale sofort.

Ich erinnere mich an eine Kollegin, die eine brillante Präsentation hielt – zumindest inhaltlich. Ihre Charts waren überzeugend, ihre Argumente messerscharf. Doch während sie sprach, klang ihre Stimme monoton, fast flüsternd, und ihr Blick wanderte unsicher über die Köpfe der Zuhörer. Die Botschaft? Sie ging verloren. Das Publikum hörte mit einem Ohr hin, aber ihre Unsicherheit war lauter als ihre Worte.

Dabei ist Unsicherheit kein unausweichliches Schicksal – sie ist wie ein Muskel, den du trainieren kannst. Deine Stimme, deine Haltung und deine Gesten sind deine Werkzeuge, um Selbstsicherheit auszustrahlen. Stelle dir vor, du hältst das nächste Mal diese Präsentation. Du stehst aufrecht, deine Schultern sind gerade und du atmest ruhig. Deine Stimme ist klar und resonierend, jede Betonung sitzt genau da, wo sie die größte Wirkung entfaltet. Du machst bewusste Pausen, schaust deinem Publikum in die Augen und merkst, wie seine Aufmerksamkeit dir gehört. Klingt das nicht kraftvoll?

Das Geheimnis liegt in der Vorbereitung. Du kannst es einfach üben: Stelle dich vor einen Spiegel und halte eine kurze Rede – vielleicht ein paar Sätze, die du bei deinem nächsten Meeting sagen willst. Beobachte dich. Was fällt dir auf? Sind deine Bewegungen hektisch oder wirken sie ruhig und gezielt? Fühlt sich etwas unangenehm an? Perfekt, genau da setzt du an. Wiederhole die Übung, bis du merkst, dass du dich wohler fühlst.

Und vergiss nicht: Deine Unsicherheiten verblassen, wenn du dich auf das konzentrierst, was du wirklich gut kannst. Deine Stärken sind deine beste Waffe. Wenn du dich daran erinnerst, strahlt das nach außen. Dein Team und deine Zuhörer werden spüren, dass du überzeugt bist – und das macht den Unterschied zwischen einem Vortrag, der gehört wird, und einem, der begeistert.

Die beste Nachricht? Mit jedem Mal, wo du Unsicherheit überwindest, wird es einfacher. Dein Selbstvertrauen wächst, und plötzlich ist es dieser leise Zweifel, der nervös in der Ecke sitzt, während du souverän den Raum einnimmst.

DER LEISE ZWEIFEL DARF RUHIG MITKOMMEN - SOLANGE DU DAS STEUER IN DER HAND BEHÄLTST. JE KLARER DU DEINE STÄRKEN KENNST, DESTO MEHR GEHÖRT DIR DIE BÜHNE.

Hier kommt ein Tipp, der deinen Auftritt in hybriden Meetings garantiert auf ein neues Level hebt: Stelle dir die Kamera als deinen wichtigsten Gesprächspartner vor – ja, wirklich. Ob du im Homeoffice sitzt und allein deinem Laptop Gesellschaft leistest oder ob du im Konferenzraum bist und einige Teilnehmende remote dazugeschaltet sind: Die Kamera ist dein Schlüssel, um Präsenz zu zeigen.

Bist du im Homeoffice? Schalte die Kamera ein – immer. Es ist, als würdest du sagen: »Ich bin hier und bereit, mit euch zu interagieren.« Doch der wahre Clou liegt in deinem Blick. Schau nicht nur auf deine Präsentation oder auf die kleinen Kacheln der Teilnehmenden. Schau direkt in die Kamera. Sie ist dein Publikum. Und jetzt kommt der beste Teil: Flirte mit der Kamera! Klingt seltsam? Vielleicht. Aber glaub mir, wenn du mit der Kamera auf Augenhöhe kommunizierst, strahlt deine Energie direkt durch den Bildschirm. Deine Zuhörer spüren deinen Blick, deine Überzeugung, deine Präsenz.

Natürlich kannst du ab und zu den Blick senken, um Zahlen oder Notizen zu lesen – das ist kein Problem. Aber der Blick in die Kamera ist dein magischer Moment. Beginne deinen Beitrag mit einem direkten Blick hinein, halte zwischendurch den Kontakt und schließe mit einem klaren Blick in die Linse ab. Im hybriden Raum sendet dieser einfache Trick eine klare Botschaft: »Ich bin hier, ich bin präsent, und ich spreche direkt zu euch.«

Das funktioniert auch im Meetingraum. Wenn du vor Ort bist und remote Teilnehmende zugeschaltet sind, vergiss nicht, die Kamera mit einzubeziehen. Selbst wenn du dich mit den Anwesenden im Raum austauschst, schenke der Kamera immer wieder deine Aufmerksamkeit. So bindest du die digitalen Teilnehmenden ein und stellst sicher, dass sie sich nicht nur angesprochen, sondern wirklich *gesehen* fühlen.

Die Kamera ist dein treuester Verbündeter. Behandle sie wie deinen wichtigsten VIP-Gast, und du wirst sehen, wie viel intensiver und interaktiver deine Kommunikation wird.

Die Karriere dem Zufall überlassen

Viele Frauen arbeiten mit Herzblut, Hingabe und Expertise – und hoffen dabei insgeheim, dass jemand diese Leistung schon bemerken und belohnen wird. Doch die harte Wahrheit ist: Erfolg ist selten ein Zufallsfund, den man mal eben so auf dem Karriereweg aufliest.

> ERFOLG WILL GEPLANT, AKTIV GESTALTET UND EINGEFORDERT WERDEN.

Stell dir vor, eine Projektleiterin leistet großartige Arbeit. Ihre Projekte laufen wie geschmiert, das Team lobt sie in den höchsten Tönen, und die Kunden sind begeistert. Trotzdem bleibt die ersehnte Beförderung aus. Warum? Weil sie nie klar kommuniziert hat, dass sie bereit ist, die nächste Karrierestufe zu erklimmen. Ihr Vorgesetzter? Der denkt vielleicht, sie ist mit ihrer aktuellen Rolle vollkommen zufrieden. Das Ergebnis: Stillstand statt Aufstieg.

Hier kommt der entscheidende Punkt: Deine Karriere ist kein Geschenk, das dir eines Tages einfach überreicht wird. Sie ist wie ein spannendes Projekt, das du selbst planst und vorantreibst. Fang an, dir klare Ziele zu setzen. Wo möchtest du in einem Jahr sein? In drei? In fünf? Möchtest du größere Projekte leiten, ein bestimmtes Gehalt erreichen oder vielleicht in einer neuen Branche Fuß fassen? Nur wer weiß, wohin er will, kann den Weg dorthin planen.

Und dann: Sprich darüber! Sprich mit deinem Vorgesetzten, deinen Kolleginnen und deinem Netzwerk. Sag ihnen, was du dir wünschst und was du erreichen möchtest. Vielleicht fällt dir das am Anfang schwer, aber denk daran: Niemand kann deine Gedanken lesen. Wenn du deine Ambitionen offen teilst, schaffst du die Grundlage dafür, dass andere dich gezielt unterstützen können.

Noch ein kleiner Karrieretrick: Feedback ist Gold wert. Frag regelmäßig nach, wie andere deine Arbeit wahrnehmen. Das zeigt nicht nur, dass du an deiner Entwicklung interessiert bist, sondern gibt dir auch wertvolle Einblicke, wo du noch mehr glänzen kannst. Ein ehrliches Gespräch mit einem Mentor, einer Kollegin oder deinem Vorgesetzten kann Türen öffnen, die du vorher gar nicht bemerkt hast.

Erfolg ist kein Zaubertrick, sondern eine Mischung aus Strategie, Mut und Kommunikation. Werde zur Gestalterin deiner Karriere – und lass nicht den Zufall entscheiden, wie weit du kommst. Du bist es, die die Weichen stellt. Und glaub mir: Wer seine Ziele selbst in die Hand nimmt, wird überrascht sein, wie oft der Weg plötzlich frei wird.

Hier kommt eine ehrliche Wahrheit zum Thema Gehalt und Pay-Gap, die ich aus meiner Zeit als Bereichsleiterin und Teamchefin gelernt habe. Eine Lektion, die mich überrascht hat, manchmal irritierte, aber vor allem nachhaltig geprägt hat. In all den Jahren, in denen ich Teams geführt, Talente eingestellt und Karrieren begleitet habe, ist mir eines besonders deutlich geworden: Männer zögern nicht, früh nach mehr zu fragen.

Und mit früh meine ich: Spätestens sechs bis zwölf Monate nach Übernahme einer neuen Aufgabe standen sie in meinem Büro und wollten mehr Gehalt oder mehr Verantwortung. Anfangs hat mich diese Dreistigkeit, oder besser gesagt, dieser Mut völlig überrumpelt.

Doch weißt du was? Sie hatten recht. Ich habe selbst erlebt, wie viel einfacher es ist, kurz nach einer neuen Aufgabe nach mehr zu fragen. Warum? Weil die Erfolge noch frisch sind. Die Geschäftsleitung erinnert sich genau an die gute Arbeit, die du geleistet hast. Und nicht nur die Geschäftsleitung – auch ich als Führungskraft konnte die Leistungen glasklar abrufen und viel überzeugender für eine Gehaltserhöhung argumentieren. Es war so simpel: Erfolg sichtbar, Argumente klar, Timing perfekt.

Und dann gibt es die andere Seite: die, die zu lange warten. Nach drei oder vier Jahren in der gleichen Rolle, selbst mit stetig exzellenter Leistung, wirkt alles plötzlich ... selbstverständlich. Die Erfolge sind nicht mehr neu, die Begeisterung hat sich gelegt, und Argumente wie »Ich habe letztes Jahr auch super Ergebnisse geliefert« ziehen nicht mehr so stark. Der Moment, in dem der Erfolg am lautesten spricht, ist längst vorbei.

Deshalb: Sei mutig! Wenn du eine neue Rolle übernimmst, warte nicht darauf, dass dir jemand von sich aus mehr anbietet. Fordere ein Gespräch – klar, freundlich, aber bestimmt. Und wenn du eine Absage kassierst? Kein Problem! Deine letzte Frage im Gespräch lautet dann: »Wann sprechen wir wieder darüber? Wann wäre der nächste beste Zeitpunkt für ein Gehaltsgespräch?« Trage dir den Termin sofort in den Kalender ein, bereite dich vor und gehe mit der gleichen Klarheit und Überzeugung in die nächste Runde.

Was ich in meiner Zeit als Chefin gelernt habe, ist Folgendes: Es ist keine Frage von Dreistigkeit oder Unverschämtheit, sondern von Timing, Strategie und Mut. Wenn du selbstbewusst und klug agierst, hast du die besten Karten in der Hand – und kannst das Blatt drehen.

Von zäh zu zündend: Motivation ist machbar

Motivation ist wie der Treibstoff eines leistungsstarken Motors – ohne sie läuft nichts, mit ihr läuft alles wie geschmiert. Doch im Alltag geht dieser Treibstoff oft verloren. Vielleicht durch einen Haufen drängender To-dos, ein scheinbar endloses Projekt oder den täglichen Trott, der Begeisterung im Keim erstickt.

Stelle dir vor, ein Projektteam sitzt in einem Meeting, die Köpfe hängen, die Stimmung ist so zäh wie kalter Honig. Die Projektleiterin hat großartige Ideen, doch sie wirkt müde, uninspiriert und ein bisschen genervt. Ihre Worte kommen beim Team an wie ein lauer Sommerregen: ganz nett, aber nicht gerade belebend. Die Motivation? Auf Urlaub – ohne Rückflugdatum. Das Ergebnis: Das Projekt stockt, Konflikte keimen auf und die Erfolge bleiben aus.

Hier ist die gute Nachricht: Motivation lässt sich aktiv entfachen, und zwar bei dir selbst und in deinem Team. Beginnen wir bei dir. Was bringt deine Augen zum Leuchten? Vielleicht ist es der Stolz auf einen gut gelösten Konflikt, die Freude an einem erfolgreichen Meilenstein oder die Anerkennung deiner Arbeit. Genau da setzt du an. Definiere erreichbare Zwischenziele für dich – kleine Etappen, die du feiern kannst. Und ja, feiern heißt auch mal laut »Yes!« rufen oder sich mit einem leckeren Cappuccino belohnen.

Nun zum Team. Begeisterung ist ansteckend, also lass dein inneres Feuer überspringen. Baue echte Verbindungen zu deinen Kolleginnen und Kollegen auf, erkenne ihre individuellen Stärken und verteile ehrliches, herzliches Lob. Ein Teammitglied hat eine brillante Idee eingebracht? Zeige deine Anerkennung sofort, mit Worten, die von Herzen kommen: »Das war ein großartiger Beitrag – genau das bringt uns voran!« Solche Momente schaffen Vertrauen und Motivation.

Aber da ist noch mehr: die magische Kraft des Flows. Wenn du und dein Team in den Flow kommen, fliegen die Stunden nur so dahin, die Arbeit macht Spaß und die Ergebnisse übertreffen alle Erwartungen. Was brauchst du dafür? Klarheit über die Ziele, Aufgaben, die fordern, aber nicht überfordern, und ein Umfeld, das konzentriertes Arbeiten erlaubt – keine endlosen Ablenkungen, keine ständigen Unterbrechungen.

Hier kommt die Wissenschaft ins Spiel: Dein Gehirn liebt Dopamin und Serotonin – diese kleinen, aber mächtigen chemischen Botenstoffe treiben deine Motivation an. Wenn du kleine Erfolge feierst, produziert dein Gehirn mehr davon, und dieser positive Kreislauf hält dich und dein Team in Bewegung. Also: Schaffe Gelegenheiten, Erfolge sichtbar zu machen. Eine abgeschlossene Aufgabe, eine überwundene Hürde – all das darf gefeiert werden, sei es durch Applaus im Meeting oder eine kurze, persönliche Nachricht: »Toller Job, danke dir!«

Motivation ist kein Selbstläufer, aber mit ein paar bewussten Tools wird sie zum treuen Begleiter. Sorge dafür, dass dein Motor schnurrt – und du wirst sehen, wie sich die Energie auf alle überträgt. Und vielleicht wird die nächste Teambesprechung dann wie ein prickelndes Glas Champagner.

DEIN INNERES FEUER ENTSCHEIDET,
OB DEIN TEAM BRENNT ODER NUR
DIENST NACH VORSCHRIFT MACHT.

KEINE ZEIT FÜR VERÄNDERUNGEN

Im Alltagsstress fühlt es sich oft an, als würde man in einem Hamsterrad rennen: immer schneller, aber ohne wirklich voranzukommen. Die To-do-Liste wächst – aber Zeit für Veränderung? Fehlanzeige. Dabei liegt genau dort die Magie – in den kleinen Momenten, in denen du innehältst, reflektierst und Platz für Weiterentwicklung schaffst.

Stell dir vor, eine Projektleiterin, die seit Monaten einen Führungskräftekurs machen will, schiebt ihn immer wieder vor sich her. »Zu viel los gerade, nächstes Quartal wird es besser«, denkt sie. Aber – Überraschung! – das nächste Quartal bringt nur neue Projekte, neue Deadlines und noch weniger Zeit. Und während sie sich von Aufgabe zu Aufgabe hangelt, ziehen spannende Chancen einfach an ihr vorbei. Der Fortschritt? Bleibt auf der Strecke.

Dabei braucht Veränderung gar nicht so viel Zeit. Es geht darum, Prioritäten zu setzen und mutig etwas loszulassen. Delegieren kann Wunder wirken – nicht nur, um Platz im Kalender zu schaffen, sondern auch, um Vertrauen ins Team aufzubauen. Und weißt du, was am schönsten ist? Diese Zeitinvestition zahlt sich doppelt aus: Du wächst, und dein Team gleich mit.

VERÄNDERUNGEN SIND NICHT DER FEIND - SIE SIND DIE WÜRZE IM OFT EINTÖNIGEN ALLTAG.

Eine unerwartete Herausforderung? Betrachte sie als Einladung, etwas Neues zu lernen. Ein unerledigtes Ziel? Perfekt, um zu zeigen, dass du an dir arbeiten willst. Veränderungen sind keine Bedrohung, sondern ein ständiges Upgrade deines Lebens.

Ein Beispiel gefällig? Stelle dir vor, du nimmst dir jede Woche bewusst eine halbe Stunde Zeit, um zu reflektieren: Was lief gut? Was könnte besser sein? Und was könntest du anders machen? Schon dieser kleine Schritt öffnet Türen, von denen du gar nicht wusstest, dass sie existieren. Veränderungen mögen unbequem sein, aber sie machen dich stärker, mutiger und bereit für alles, was kommt.

Also, raus aus dem Hamsterrad und rein ins Abenteuer Veränderung. Es ist nicht immer bequem, aber immer lohnend!

Fehlende Mentorin und schwaches Umfeld

Niemand erklimmt die Gipfel des Erfolgs ganz allein. Egal, wie talentiert oder ehrgeizig du bist, ohne ein starkes Netzwerk und eine Mentorin, die dir den Weg weist, kann der Aufstieg zur Herausforderung werden. Erfolg ist Teamarbeit – und manchmal brauchst du jemanden, der dir zeigt, wie du die nächste Etappe meisterst.

Stelle dir vor, eine junge Projektleiterin kämpft immer wieder mit denselben Problemen: Meetings laufen aus dem Ruder, Deadlines werden knapp und die Balance zwischen Teamführung und eigenen Aufgaben fühlt sich wie ein Drahtseilakt an. Sie beißt sich durch, aber der Durchbruch bleibt aus. Warum? Sie hat niemanden, der ihr den entscheidenden Perspektivwechsel gibt oder mit einem klaren »Das habe ich auch erlebt, probiere doch mal Folgendes!« zur Seite steht.

Eine Mentorin ist wie ein Bergführer in unwegsamem Gelände: Sie war schon dort, wo du hinwillst, kennt die Stolpersteine und hat die passenden Werkzeuge, um sie zu umgehen. Sie inspiriert, ermutigt und gibt dir den Raum, deine Ziele klar zu formulieren. Und genau das bringt oft den Unterschied.

Aber nicht nur Mentoren zählen. Dein Umfeld ist der Boden, auf dem du wächst. Netzwerke bieten mehr als nur Kontakte – sie sind Räume, in denen Ideen sprühen, Lösungen geteilt werden und du merkst, dass du nicht allein bist. Ein gutes Netzwerk ist wie ein inspirierender Stammtisch für Karriereziele.

Unterstützung funktioniert in beide Richtungen. Vielleicht bist du für jemanden genau die Person, die Mut macht und Perspektiven aufzeigt. Erfolg ist ansteckend, und je mehr du gibst, desto mehr wirst du auch zurückbekommen.

Also, wenn du das nächste Mal an einer Herausforderung scheiterst, schau dich um: Wer kann dir helfen? Und wem kannst du helfen? Gemeinsam schafft man Dinge, die allein unmöglich scheinen. Dein Erfolg? Eine Teamleistung!

Erfolg beginnt in dir – Mit Klarheit, Mut und Unterstützung ans Ziel

Dieses Kapitel war eine Reise durch die Stolpersteine, die Powerfrauen auf dem Weg zum Erfolg begegnen – und eine Einladung, sie zu überwinden. Es zeigt auf, wie innere Unsicherheit, fehlende Planung oder ein schwaches Netzwerk uns bremsen können, und gibt konkrete, motivierende Impulse, diese Hürden zu meistern.

Nimm das Geschriebene stets als Anregung und Einladung zu reflektieren, deine klare Körpersprache und gezielte Stimmführung zu verbessern. Damit du nicht nur selbstbewusster wirkst, sondern auch andere mitreißt. Ureigene Motivation zum Leiten von Projekten ist das, was den unsichtbaren Motor antreibt. Feiere kleine Erfolge nicht nur für dich, sondern auch mit deinem Team. Das bringt das Team in den Flow.

Die eigene Karriere aktiv zu planen hört sich so einfach an – doch auch das ist Arbeit. Gute Arbeit allein reicht oft nicht aus, um gesehen zu werden. Erfolg braucht Mut, Initiative und klare Ziele. Persönliche Geschichten, wie die von Männern, die früh und gezielt Gehaltserhöhungen einfordern, zeigen, wie wichtig es ist, die eigenen Wünsche auszusprechen – und geben konkrete Strategien an die Hand, wie du das selbstbewusst tun kannst.

Ein starker Fokus liegt auch auf Netzwerken und Mentoring. Erfolg ist selten ein Solo-Akt. Eine Mentorin, die dich inspiriert und begleitet, oder ein unterstützendes Umfeld können deine Entwicklung enorm beschleunigen. Wenn es für dich stimmig ist, dann macht die Karriere gemeinsam: Nimm andere Frauen (oder Männer) aus deinem Umfeld mit.

Besonders wertvoll ist aus meiner Sicht der Impuls, im stressigen Alltag Raum für Reflexion und Wachstum zu schaffen. Veränderungen sind keine Bedrohung, sondern Gelegenheiten, dich weiterzuentwickeln. Hier erfährst du, wie du dir bewusst Zeit für dich selbst einplanst, Neues lernst und Veränderungen als Chance nutzt.

Mit vielen lebendigen Beispielen, persönlichen Erfahrungen und konkreten Handlungsanleitungen ermutige ich dich, deinen Weg aktiv zu gestalten. Es ist ein Werkzeug, das dich dabei unterstützt, Hindernisse zu erkennen, sie zu überwinden und mit Klarheit, Mut und der richtigen Unterstützung deinen Erfolg zu gestalten.

Jetzt bist du am Zug: Nutze die Werkzeuge, die dich dabei unterstützen, deine wahre Stärke zu entfalten, und werde zur inspirierenden Kraft in deinem beruflichen Umfeld. Die Welt braucht mehr Menschen, die ihre Potenziale leben – und du bist bereit, eine von ihnen zu sein.

Und denk immer daran: ich stehe neben dir auf der Übungsmatte. Du bist nicht allein.

Downloadbereich

Die im Text erwähnten Materialien befinden sich im Downloadbereich des Buchs. Hier findest du zum Beispiel:

1. Meditationen
2. Fragebogen Team-Potenzial
3. Rezept Bananen-Walnuss-Kekse

Diese Seite kann über den untenstehenden QR-Code erreicht werden oder über https://ankeroeber.de/kaffeepause.

Bitte verwende das Passwort: Kaffeepause

Dank

Weißt du, was dich ganz natürlich in den Flow bringt?
Dankbarkeit.

Dankbarkeit für das Gute und das Schwere. Für das Leichte und das Komplizierte. Für das Miteinander – und ja, auch für das Gegeneinander. Für das kreative Chaos und die tiefe Harmonie.

Gerade die Menschen, die mir nicht immer zugestimmt haben oder mir – bewusst oder unbewusst – Steine in den Weg gelegt haben, haben mich wachsen lassen. Sie haben dazu beigetragen, dass ich heute die bin, die dieses Buch schreiben durfte. Dafür empfinde ich echte Dankbarkeit.

Ebenso danke ich von Herzen meinen Wegbegleitern, Unterstützerinnen und Kollegen – denen, die an mich geglaubt haben und mir gezeigt haben, dass Entwicklung nie endet. Ich selbst bin nach all den Jahren immer noch Lernende, Entdeckerin meines eigenen Potenzials. Und genau das erfüllt mich mit Neugier, Freude und tiefer Dankbarkeit.

Ein besonderer Dank gilt den Bookeuphorics und Projecteuphorics – Menschen und Firmen, die diesen Weg mit mir teilen, ihn mitgestalten, inspirieren und mir zeigen, wie kraftvoll gelebter Projekterfolg wirklich ist. Ihr macht dieses Buch lebendig. Danke, dass ihr sichtbar seid.

Mein ganzer Dank gilt meinem Mann – nicht trotz, sondern wegen seiner kritischen Haltung. Damit hat er mich immer wieder herausgefordert, doch das hat mich wachsen lassen. So habe ich meine Klarheit gefunden und das Buch entstehen lassen. Und da ist diese immerwährende, verlässliche Verbindung zwischen uns, die selbst dann bleibt, wenn es stürmt: die Liebe.

Meinen wunderbaren Söhnen danke ich für ihre Offenheit, ihre stetige Unterstützung und dafür, dass wir stets im Austausch und in der Liebe verbunden sind – auch wenn ihr inzwischen weit ausgeflogen seid.

Ein ganz besonderer Dank geht an Anita und Elli – ihr seid oft die ersten, die meine Gedanken hören. Immer wieder ermutigt ihr mich, weiterzugehen.

Meinen Eltern danke ich für die aufregende und naturverbundene Kindheit, die ich erleben durfte und die meine Basis ist, auf der ich heute stehe – und ein ganz besonderer Dank geht an meine Mutter: Danke für deine beständige Liebe.

Chris und Wanda – euch danke ich für den Anstoß, der mich ins Projektmanagement geführt hat. Aus diesem Schritt ist eine Leidenschaft entstanden, die mein berufliches und privates Leben prägt.

Eva – danke für deine natürliche, energievolle Art. Genau das macht dein Lektorat so wertvoll für mich – und hat das Buch erst richtig rund werden lassen.

Und schließlich: Ein herzliches Dankeschön an all die Projekte – und die Menschen darin. Ihr habt mir erlaubt zu lernen, zu scheitern, zu wachsen. Ihr habt dieses Buch möglich gemacht.

Danke, spannende Projektwelt – du bleibst mein Lernfeld, mein Spielfeld, mein Herzhüpffeld.

Project- und Bookeuphorics

Projecteuphorics – das sind Menschen, mit denen Projekte lebendig werden. Sie stehen für Klarheit, Teamgeist und Fokus – und sie zeigen, wie Projekterfolg mit Haltung, Mut und einem gesunden Maß an Umsetzungsstärke gelingen kann. Als Sparringspartner und Möglichmacher bringen sie Energie ins Projektgeschehen und inspirieren andere, ebenfalls wirksam zu werden.

Ich bin dankbar, dass ich mit ihnen arbeiten durfte und darf – und stolz, sie hier sichtbar machen zu dürfen:

Abigail Brardt, Alexander Hoffmann, Andreas Kropf, Andreas Witte, Christian Seyler, Claudia Wessel, Daniel Seidl, Dr. Ulrike Benning, Elisabeth Bayer, Eva Hartmann, Frank Röber, Frauke Stern, Fritz Görtler, Georg Flammersberger, Günter Brandenburg, Günther Weidlich, Isa Ryspaeva, Isabella Hartl, Johannes von Schkopp, Karin Färber, Karin

Hertz, Ludmila Lonzinger, Maria Hilgemann, Maria Jäschner, Marlies Ellhardt-Kohn, Michael Wessel, Nancy Kompalla, Pia Duwe, Robert Malessa, Sabine Kiefer, Sandra Jurkowski, Ulrike Trenkler, Yvonne Kuzinski.

Bookeuphorics – das sind Firmen, die Projekterfolg mit Begeisterung leben und sichtbar machen. Sie bewegen Strategien, Projekte und Unternehmen, inspirieren damit positiv weit über ihr eigenes Umfeld hinaus – und unterstützen dieses Buchprojekt aktiv.

Danke, dass es euch gibt: Andreas Kropf Consulting, XPMsoft GmbH, NewVation GmbH und greenQuality Flammersberger + Färber GbR.

Die Autorin

Anke Röber blickt auf über 25 Jahre Erfahrung in der professionellen Projektwelt zurück. Nach dem Studium der Physik und ersten Jahren in der wissenschaftlichen Forschung wechselte sie früh ins Projektmanagement – ein Umfeld, in dem sie ihre Leidenschaft für Klarheit, Zielorientierung und Teamdynamik voll entfalten konnte.

Bereits 2003 gehörte sie zu den ersten Projektmanagern in Deutschland mit dem international anerkannten PMP-Zertifikat (Project Management Professional). Seither erfüllt sie konsequent die hohen Anforderungen an fachliche Weiterbildung und ist darüber hinaus ausgebildete Qualitäts- und Changemanagerin.

Ihre fachliche Expertise umfasst komplexe Großprojekte in unterschiedlichsten Branchen – von Bau, Infrastruktur und Energie über IT bis hin zum Maschinenbau. In Rollen wie Projektleiterin, Terminplanerin oder Qualitätsmanagerin hat sie internationale Projekte erfolgreich gestaltet und geprägt.

Ergänzt wird ihr technisches und methodisches Know-how durch ihre Qualifikation als Mental- und Motivationstrainerin. Diese Verbindung macht ihre Herangehensweise einzigartig: Sie vereint klassische Projektmanagement-Kompetenz mit mentaler Stärke, emotionaler Intelligenz und einem tiefen Verständnis für Teamprozesse.

Dieses Buch spiegelt ihre Überzeugung wider, dass nachhaltiger Projekterfolg nicht nur durch Methoden entsteht, sondern vor allem durch Menschen, die mit Klarheit, Motivation und mentaler Präsenz arbeiten.

Weitere Infos:

Homepage: https://www.ankeroeber.de

LinkedIn: linkedin.com/in/ankeroeber/

YouTube: @ankeroeber

Anhang

Bookeuphorics

Bookeuphorics – das sind Firmen, die mit Begeisterung für Projekterfolg stehen und bereit sind, diese Haltung sichtbar zu machen. Eben Firmen und Menschen, die Strategien, Projekte und Unternehmen bewegen, Ideen umsetzen und damit als Wegbegleiter und Inspirator positiven Einfluss auf die Welt und deren Projekte nehmen.

ANDREAS **KROPF**
CONSULTING

www.andreas-kropf.de

greenQuality®
Home of Sustainability

www.greenquality.de

NEWVATION

www.newvation.de

XPM soft

www.xpmsoft.com

Für alle Buchleser:innen:
Hier kann der

Gutschein*

über **500 Euro** eingelöst werden:

https://ankeroeber.de/projektflow

*Einlösbar einmalig pro Unternehmen für Beratungsleistungen durch Anke Röber, nicht Teambox, USt-ID DE33774904
Keine (Teil-)Barauszahlung. Nicht kombinierbar mit anderen Rabatten oder Aktionen. Es gilt deutsches Recht.